DAS BESTE VON PRAG IN 6 ROUTEN

HAPPY TIME GUIDE PRAG

Raus aus dem Hotel und schon gehts los zu den schönsten Vierteln der Stadt. Ganz nebenbei entdeckst du unterwegs neue Restaurants, den besten Kaffee und das vor Ort gebraute Bier. Im **happy time guide** geben vor Ort lebende Autoren aus Liebe zu ihrer Stadt ausschließlich die echten Highlights weiter. Auf diese Weise ersparst du dir die übervollen Allerwelts-Einkaufsstraßen und spazierst, während du unterwegs noch die eine oder andere Sehenswürdigkeit mitnimmst, zu den nettesten Adressen der Stadt, die auch von den Locals besonders gerne besucht werden. Genieß jede Sekunde und mach das Beste aus deinem Städtetrip.

AUF NACH PRAG!
Du wirst Prag entdecken! Die Stadt ist zum Bersten voll mit historischen Sehenswürdigkeiten und Museen. Man kann endlos durch bezaubernde Viertel wie Malá Strana oder die Altstadt irren. In hippen Boutiken stöbern, eine Bootsfahrt auf der Moldau machen, in einem der wunderbaren Parks picknicken, ein klassiches Konzert besuchen oder Cocktails schlürfen in einem Jazzclub. Auch in kulinarischer Hinsicht hat Prag einiges zu bieten. In den Stadtteilen Vinohrady und Karlín findest du unzählige angesagte Restaurants und Bars. Vom traditionellen tschechischen Gulasch, bishin zu mexikanischen Tacos oder kanadischen Poutines: In Prag gibt es alles. Wir zeigen dir, wo.

Mit dem **happy time guide** erlebst du wunderbare Spaziergänge und den hiesigen Lifestyle und entdeckst die Stadt in deinem eigenen Tempo. Ohne, dass du dich großartig dafür vorbereiten musst. Unsere Routen führen dich vorbei an den beliebtesten Restaurants, Cafés, Shops und Sehenswürdigkeiten: vorbei an den Orten unserer Stadt, wo wir selbst gerne hingehen, um eine gute Zeit zu haben. Vielleicht treffen wir uns ja?

Keine der beschriebenen Adressen hat für die Vermittlung bezahlt, weder für den Text noch für die Fotos. Sämtliche Texte wurden von einer unabhängigen Redaktion verfasst.

Best tips ever!

VOR ORT
ELKE PARSA

STADT
PRAG

BERUF
ÜBERSETZERIN, REDAKTEURIN & AUTORIN

Elke war wahrscheinlich die Einzige, die noch nie übers Wochenende nach Prag gefahren war, und ausgerechnet sie zog dorthin. Elke liebt die Stadt, ist verrückt nach den Trambahnen, den Parks und überdachten Passagen und schätzt die kreative Atmosphäre. Was sie selbst überraschte: Prag ist wirklich das ganze Jahr über schön, sogar im Winter.

PRAKTISCHE INFOS

Mit den sechs Routen aus diesem Guide kannst du Prag zu Fuß entdecken. Die Touren führen entlang von Museen und Sehenswürdigkeiten und zeigen dir dabei vor allem, wo du gut essen und trinken, shoppen, das Leben genießen und schöne Dinge erleben kannst. Die Übersichtskarte vorne im Buch zeigt dir, durch welche Stadtteile die Routen verlaufen.

Jede Route ist klar und verständlich auf einem detaillierten Stadtplan eingezeichnet, welcher sich jeweils am Beginn des Kapitels befindet. Die Adressen sind ebenfalls darauf markiert. An der Farbe der Punkte erkennst du, um was für eine Adresse es sich handelt (sieh dir dazu die Legende unten auf dieser Seite an). Zudem werden sämtliche Adressen in den Kapiteln ausgiebig beschrieben.

Ohne einen längeren Aufenthalt an den genannten Adressen dauert eine Route maximal drei Stunden. Die Länge ist jeweils über der betreffenden Routenbeschreibung in Kilometern angegeben.

PREISE

Um dir eine Vorstellung von den Preisen in den Restaurants zu vermitteln, gibt es zu jeder Adresse einen Preishinweis. Wenn nicht anders angegeben, handelt es sich dabei um die durchschnittlichen Kosten für ein Hauptgericht. Bei den Eintrittspreisen der Sehenswürdigkeiten sind es die regulären Tarife.

TSCHECHISCHE SITTEN

In Prag gibt es unzählige Restaurants. Waren es früher vor allem traditionelle Pubs, so sind in den letzten Jahren zahllose internationale Restaurants, Cocktail-

LEGENDE

- \>> SEHENSWÜRDIGKEITEN
- \>> ESSEN & TRINKEN
- \>> SHOPPEN
- \>> FREIZEITTIPPS

PRAŽSKÁ KANALIZACE

bars und trendige Cafés hinzugekommen. Nach deutschen Standards sind die Mahlzeiten überaus erschwinglich. In einem Pub bekommt man beispielsweise ein Hauptgericht schon für umgerechnet 5 Euro. In Tschechien ist es üblich, dass die Kellner den Teller abräumen, sobald man mit dem Essen fertig ist. Es gilt nämlich als sehr unhöflich, einen leeren Teller oder ein leeres Glas stehenzulassen.

Das tschechische Nationalgericht ist Schweinebraten mit Knödel und Sauerkraut. Auch Gulasch wird häufig serviert. Tschechen nehmen die Hauptmahlzeit gegen 12 Uhr ein, und die meisten Restaurants bieten unter der Woche ein Mittagsmenü an. Dieses besteht im Allgemeinen aus einer Suppe und Fleisch mit Knödeln, Kartoffeln oder Reis. Das Frühstück wie auch das Abendessen fallen bei den Tschechen meist ziemlich einfach aus. Bier *(Pivo)* gehört in Tschechien bei einer Mahlzeit unbedingt dazu. Nicht von ungefähr sind sie die größten Biertrinker der Welt, pro Kopf trinken sie im Schnitt 160 Liter im Jahr. Wenn du ein Bier bestellst, bekommst du automatisch einen halben Liter; lass es den Kellner also wissen, falls du ein kleineres Glas möchtest. Kleinere Bierstuben erkennst du an der Bezeichnung *Pivnice*, Pubs heißen hier *Hospoda* und Weinstuben *Vinárna*. In Tschechien ist es üblich, Trinkgeld zu geben. In manchen Restaurants steht in der Speisekarte oder auf der Rechnung, dass der Service bereits inbegriffen ist. Achte daher darauf, dass du nicht doppelt Trinkgeld zahlst. In einem Restaurant gibt man zwischen 5 und 10 Prozent des Gesamtbetrags. Man lässt es nicht auf dem Tisch liegen, sondern bezahlt es gleichzeitig mit der Rechnung.

HAUSNUMMERN

Die Adressen haben in Prag eine doppelte Hausnummer, zum Beispiel: Karmelitská 2/4. So hängen an den meisten Gebäuden der Stadt dann auch zwei Hausnummernschilder. Die erste Nummer der Adresse steht auf einem roten Schild und ist die Konskriptionsnummer des Hauses. Diese Schilder hängen in der Reihenfolge der Errichtung dieser Häuser. Das erste Gebäude, das gebaut wurde, bekam also die Nummer 1, das zweite die Nummer 2 und so weiter. Das macht das Auffinden eines Gebäudes in einer Straße sehr mühsam. Dieses Problem wurde mithilfe von Orientierungsnummern gelöst, die allen Häusern einer Straße in fortlaufender Reihenfolge zusätzlich verpasst wurden. Das ist die zweite Nummer in der Adresse, sie prangt auf einem blauen Schild. In diesem Buch verwenden wir diese Orienierungsnummern, die sich also auf den blauen Schildern befinden.

NATIONALE FEIERTAGE

Neben Weihnachten, Ostern und Neujahr kennt Tschechien folgende Feiertage:

1. Mai > Tag der Arbeit
8. Mai > Tag des Siegs
5. Juli > Tag der slawischen Heiligen Kyrill und Method
6. Juli > Tag der Verbrennung von Jan Hus
28. September > Tag der tschechischen Staatlichkeit/
Todestag des Heiligen Wenzel
28. Oktober > Unabhängigkeitstag
17. November > Tag des Kampfs für Freiheit und Demokratie
24. Dezember > Heiliger Abend

Die meisten touristischen Attraktionen und Restaurants bleiben auch an Feiertagen geöffnet, außer in der Zeit um Weihnachten. Am 24. Dezember, dem wichtigsten Weihnachtsfeiertag in Tschechien, machen die Läden früher zu und die Restaurants bleiben geschlossen, damit sich alle zu Hause das tradititionelle Weihnachtsessen, Karpfen mit Kartoffelsalat, schmecken lassen können. Am ersten und zweiten Weihnachtstag hat ein Großteil der Sehenswürdigkeiten in Prag wieder geöffnet.

HAST DU NOCH TIPPS?

Wir haben diesen Reiseführer so sorgfältig wie möglich zusammengestellt. Allerdings ändert sich das Angebot von Geschäften, Restaurants, Cafés und Bars in Prag dauernd. Wir bemühen uns ständig, die Routen und Adressdaten auf dem neuesten Stand zu halten und überarbeiten diesen Reiseführer regelmäßig. Falls du eine Adresse dennoch nicht mehr findest oder andere Anmerkungen und Tipps für diesen Guide hast, dann lass es uns wissen. Schreib uns eine E-Mail an lektorat@verlagshaus.de.

VERKEHR

Die Fahrt vom **Flughafen** Václav Havel zum Zentrum (Náměstí Republiky) dauert etwa vierzig Minuten. Du kannst aber auch eines der Taxis nehmen, die schon vor

Café

22
7037

ROT

der Ankunfthalle bereitstehen. Derzeit darf nur noch eine begrenzte Anzahl verlässlicher Taxibetreiber auf das Areal. Sie alle berechnen Standardtarife. In der Ankunftshalle gibt es auch einen Schalter, an dem man **Airport Taxis** bestellen kann. Eine Taxifahrt kostet um die 28 Kč pro Kilometer, eine Fahrt ins Zentrum sollte also nie mehr als 650 Kč kosten. Du möchtest in der Stadt ein **Taxi** nehmen? Achte darauf, dass der Taxometer eingeschalten ist oder vereinbare vorab einen Preis, du könntest sonst über's Ohr gehauen werden! Zuverlässige Taxibetreiber sind: AA Radio Taxi (Tel. 222 333 222), Airport Cars (Tel. 603 223 688) oder Halo Taxi (Tel. 244 114 411). Willst du mit öffentlichen Verkehrsmitteln vom Flughafen in die Stadt gelangen? Nimm Bus 119 zur Metrostation Nádraží Veleslavín und von dort die Metrolinie A ins Zentrum. Oder du fährst mit Bus 100 nach Zličín und von dort weiter mit Metrolinie B ins Zentrum. Bus AE, der Airport Express, bringt dich geradewegs zur Bahnstation Hlavní Nádraží.

Die **Metro** ist die Basis des ÖPNV in Prag. Sie fährt von 5.00 Uhr bis Mitternacht. Es gibt drei Linien: die grüne A-Linie, die gelbe B-Linie und die rote C-Linie. Auch das Straßenbahnnetz ist zuverlässig und schnell. An jeder Tramhaltestelle sind auf einem Fahrplan die Stopps angegeben; die unterstrichene Haltestelle zeigt den Standort. Die **Trambahnen** fahren etwa alle fünf, zehn oder zwanzig Minuten. Nachts gibt es ein paar Nachttrambahnen mit abweichendem Streckenverlauf. Der **Bus** eignet sich vor allem, um die Außenbezirke zu besuchen.

Tickets für Tram und Metro bekommst du in der Ankunftshalle des Flughafens, bei den Automaten der Metrostationen oder größeren Straßenbahnhaltestellen, bei Zeitungskiosken, Trafiken oder in Hotels. Die Karten sind gültig, sobald du sie an einem der gelben Automaten an den Durchgängen abgestempelt hast (nicht vergessen, wenn du keine Strafe zahlen willst!). Es gibt Karten für 30 Kč (30 Minuten gültig) und Karten für 40 Kč (90 Minuten gültig). Daneben stehen noch ein 24-Stunden-Ticket für 120 Kč oder eine 3-Tageskarte für 330 Kč zur Auswahl. Achtung: Wenn du Taschen oder Koffer dabeihast, die eine Größe von 25 x 45 x 70 cm übersteigen, musst du dafür ein Extraticket (20 Kč) kaufen.

Mehr Informationen, Preise und Fahrpläne findest du auf der Website des öffentlichen Nahverkehrs in Prag: www.dpp.cz/en. Hinten in diesem Buch findest du einen praktischen Metroübersichtsplan für unterwegs.

RAD FAHREN

Am Wochenende brechen sportliche Prager gerne mit dem Mountainbike in die Natur auf. In der Stadt sieht man hingegen kaum Radfahrer. Vor allem im Zentrum bewegt sich jeder am liebsten mit öffentlichen Verkehrsmitteln. Fahrradwege sind hier rar, und so ist es nicht verwunderlich, dass einem die wenigen Radfahrer, die es hier gibt, auf dem Gehweg entgegenkommen.

Die vielen Steigungen, holprigen Kopfsteinpflaster und Straßenbahnschienen machen Prag auch nicht gerade zu einer fahrradfreundlichen Stadt; trotzdem ist das Radfahren eine sehr nette Möglichkeit, die Stadt kennenzulernen. Vor allem die Parks, wie etwa Stromovka und Petřín, sowie die Ufer der Moldau eignen sich sehr für schöne Radtouren. Mit einem guten Mountain- oder E-Bike stellen die Höhenunterschiede kein Hindernis mehr dar. An mehreren Orten der Stadt findest du Verleihfirmen beziehungsweise Fahrräder, die man über eine App, beispielsweise von Nextbike, mieten kann. Ein Stadtrad bekommst du umgerechnet schon für etwa 2 Euro pro Stunde. Die Starttarife liegen meist etwas höher bei um die 4 Euro. Die Verleihfirmen haben von April bis einschließlich Oktober geöffnet. Von November bis März ist das Mieten von Fahrrädern nur eingeschränkt möglich.

Bei den meisten Fahrradverleihunternehmen kann man auch eine geführte Stadtrundfahrt buchen. Hast du wenig Lust auf eine Gruppentour und willst unterwegs trotzdem nichts verpassen, dann ist die Tablettour von City Bike Prague in der Altstadt genau das Richtige für dich. Du bekommst dort ein Tablet mit einer GPS-Verbindung mit, die dir auf dem Stadtplan stets angibt, wo du bist, und dir alle wichtigen Sehenswürdigkeiten zeigt.
Weitere Infos unter www.citybike-prague.com.

Biko Adventures hat ein großes Angebot an Mountainbiketouren auf den verschiedensten Niveaus, angefangen von der Bike & Beer- oder der Prague Parks-Tour für Anfänger bis hin zu Routen für Fortgeschrittene wie etwa den Wild River Trail, der am Ufer des Sázava-Flusses außerhalb der Stadt verläuft. Du findest den Laden in Vyšehrad an der Vratislavova 3 oder schau nach unter www.bikoadventures.com.

DIVADLO
IMAGE
BLACK THEATRE
KFC
BAGETERIE BOULEVARD

TOP 10	RESTAURANTS

1 **Čestr** serviert in Prag die besten Steaks > Legerova 75

2 Im **Café Louvre** isst man traditionelles Gulasch mit Stil > S. 112

3 Klassischen Schweinebraten bekommt man bei **Pork's** > S. 73

4 Mexikanische Tacos und Margaritas: **Las Adelitas** > S. 30

5 Dinieren in kommunistischem Ambiente bei **Lokál** > S. 90

6 Hamburger, hausgemachte Pommes und Dips bei **Dish** > S. 125

7 Authentische Thailändische Küche genießt du bei **Noi** > S. 70

8 Originelle vegane Burger und Pizzas: **Chutnej** > Voroněžská 19

9 Die beste italienische Pizza gibt es bei **Pizza Nuova** > S. 26

10 **Kampa Park**: Speisen zu Füßen der Karlsbrücke > S. 68

TOP 10 SONNTAG

1. Im **Café Savoy** kannst du den ganzen Tag frühstücken > S. 69
2. Miete ein Tretboot auf der Insel **Slovanský Ostrov** > S. 114
3. Fahr Schiff von Rašínovo Nábřeží nach **Zoo Praha** > S. 138
4. Besuch ein klassisches Konzert im **Lobkowiczpalais** > S. 47
5. Genieß die Aussicht vom **Fernsehturm** > S. 122
6. Erfahre im **Franz Kafka Museum** alles über Kafka > S. 62
7. Bestell dir einen Cappucino in **Kavárna Slavia** > S. 110
8. Geh picknicken in den Gärten von **Vyšehrad** > S. 102
9. Bestaune die Skater beim **Metronom** in Letenské Sady > S. 86
10. Beteilige dich an der Jamsession im Jazzclub **U Malého Glena** > Karme litská 23

TOP 10	KAFFEE

1 **Mammacoffee**: schickes Café mit fair gehandeltem Kaffee > S. 112

2 Gediegen Kaffee trinken bei **Curárna Myšák** > Vodičkova 31

3 Ein vorborgenes Juwel: **Kavárna Nový Svět** > S. 50

4 **Kavárna Pražírna**: Café mit eigener Rösterei > Lublaňská 676

5 Im **Coffee Room** steckt viel Liebe in jedem Kaffee > Korunní 74

6 **Café Ebel** serviert den besten Kaffee der Altstadt > S. 87

7 Misch dich unter die Hipster in der **EMA Espresso Bar** > Na Florenci 3x

8 Torte zum Kaffee? **Café de Paris** backt nach Rezepten von 1904 > S. 28

9 Coffee to go holt man bei **I Need Coffee**! > Na Moráni 7

10 Dem bunten Treiben zusehen vor dem **Bakeshop** > Kozi 1

TOP 10 ABENDS AUSGEHEN

1 Cocktails und Jazz bei **Jazz Dock** > Janáčkovo nábřeží 2

2 **Moonclub**: der höchste Club der Stadt > Dlouhá 26

3 **K*Star Karaoke**: der einzig echte Karaokeclub in Prag > Legerova 78

4 **Palác Akropolis**: garantiert ein swingender Abend > S. 137

5 Besuch eine Burlesque-Show im **Theater Royal** > S. 134

6 Genehmige dir einen Drink bei **Bar and Books** > Týnská 19

7 Chillen in asiatischem Flair: **SaSaZu** > Bubenské Nábřeží 306

8 Cocktails und Chesterfields: die Markenzeichen der **Hemmingway Bar** > Karoliny Světlé 26

9 **La Bodeguita del Medio**: ein fester Begriff für alle, die gerne feiern > Kaprova 19

10 **Cloud 9**: schicke Skybar mit tollem Ausblick > Pobřežní 1

ROUTE 1

ALTSTADT

INFOS ZUR ROUTE

Auf dieser Wanderung wechseln Gegenwart und Vergangenheit einander ab. Du kommst an einigen der bekanntesten historischen Bauwerke vorbei, etwa der Astronomischen Uhr und der Teynkirche, und erfährst etwas über die neuere Geschichte im Museum of Communism. Der Spaziergang führt dich auch durch die größte Einkaufsstraße Prags, Na Příkopě. Wer keine Lust zum Shoppen hat, kann die Na Příkopě auslaussen und auf halbem Weg rechts in die Celetná biegen und in Richtung Rytířská und dem Stavorské Divadlo laufen.

DAS VIERTEL

Das komplette Zentrum der „Goldenen Stadt" steht auf der Liste des Welterbes der UNESCO. Die Altstadt (Staré Město) bildet seit dem 10. Jahrhundert das Prager Zentrum und ist einer der ältesten Stadtkerne Europas. Die Skyline mit historischen Giebeln, Kirchen und Türmchen ist geschützt, und es dürfen keine neuen Gebäude errichtet werden, die eine Höhe von 70 Metern überschreiten.

Die Altstadt liegt östlich der Moldau und ist ein wahres Labyrinth aus Straße und Gässchen rund um den **Altstädter Ring**. Bestell dir an einem der Stände einen warmen *Trdelnik* (Baumstriezel) und schlendere an den Kutschen vorbei über diesen Platz, der bis Anfang des 20. Jahrhunderts der wichtigste Marktplatz der Stadt war. Heute ist er vor allem für die **Astronomische Uhr** aus dem Jahr 1410 bekannt. Zu jeder vollen Stunde versammeln sich hier Scharen von Touristen, die beim Glockenschlag der Uhr dabei sein wollen. Es öffnet sich dann ein kleines Türchen in der Uhr, aus dem eine Parade von Aposteln hervorkommt. Außerdem gibt es hier jedes Jahr einen großen Weihnachtsmarkt, in dessen Zentrum ein 20 Meter hoher Weihnachtsbaum steht. Den Zauber dieses Platzes spürst du vor allem nach Sonnenuntergang, wenn es meist auch etwas ruhiger geworden ist.

In der Altstadt gibt es unzählige klein
Souvenirs wie Kristallglas, Keramik, (
Einkaufsstraße **Na Příkopě** haben di
ihren Sitz. Daneben gibt es viele Café
von Orgelmusik haben täglich Gelege
und die prachtvoll dekorierte **Smetar**
Ort für ein klassisches Konzert. Theat
testem Theater, dem **Stavovské Div**

WENIG ZEIT? DAS SIND DIE HIGH
ALTSTÄDTER RING + MUSEUM O
PULVERTURM + HAVELSKÁ TRŽN

I'm in love
with cities
I've never
been to &
people I'v
never me

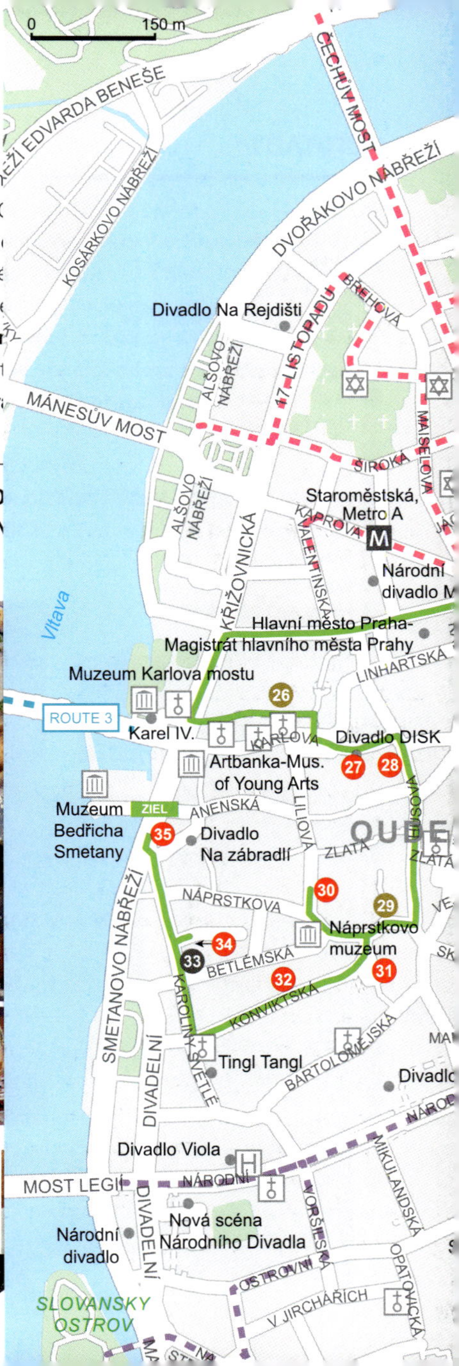

Vltava
DVOŘÁKOVO NÁBŘEŽÍ
NA FRANTIŠKU
V MOST
LANNOVA
ŘÁSNOVKA
NOVÉ MLÝNY
KLIMENTSKÁ
BARVÍŘSKÁ
U MILOSRDNÝCH
HRADEBNÍ
HAŠTALSKÁ
Divadlo V Dlouhé
BÍLKOVA
DUŠNÍ
KOZÍ
U OBECNÍHO DVORA
SOUKENICKÁ
JOODSE WIJK
RÁMOVÁ
RYBNÁ
REVOLUČNÍ
TRUHLÁŘSKÁ
ZLATNICKÁ
ROUTE 4
DLOUHÁ
V KOLKOVNĚ
BENEDIKTSKÁ
START
MASNÁ
NA POŘÍČÍ
KOSTEČNÁ
KRÁLODVORSKÁ
Image Black Light Theatre
Náměstí Republiky, Metro B
HAVLÍČKOVA
TÝNSKÁ
ULIČKA
V CELNICI
JAKUBSKÁ
U OBECNÍHO DOMU
ŠTUPARTSKÁ
Divadlo Hybernia
Divadlo v Celetné
CELETNÁ
HYBERNSKÁ
wax museum prague
Divadlo Broadway
SENOVÁŽNÁ
DLÁŽDĚNÁ
KOŽNÁ
ŽELEZNÁ
ROUTE 1
OVOCNÝ TRH
Divadlo Kolowrat
NA PŘÍKOPĚ
SENOVÁŽNÉ NÁMĚS
MICHALSKÁ
All Colours Theatre
RYTÍŘSKÁ
HAVÍŘSKÁ
NEKÁZANKA
STAD
Muzeum Komunismu
JERUZALÉMSKÁ
V KOTCÍCH
NA MŮSTKU
HAVELSKÁ
Black Light Theatre Animato
PANSKÁ
U PŮJČOVNY
PERLOVÁ
V CÍPU
JINDŘIŠSKÁ
Můstek, Metro B
Můstek, Metro A
VÁCLAVSKÉ NÁMĚSTÍ
POLITICKÝCH
RŮŽOVÁ
OLIVOVA
Metro
Divadlo Bez zábradlí
NIEUWE
PASÁŽ TETA
Divadlo Rokoko
VODIČKOVA
PASÁŽ LUCERNA
PURKYŇOVA
JUNGMANNOVA
PALACKÉHO
ROUTE 5
udio Ypsilon
VLADISLAVOVA
Divadlo ABC
Divadlo Kalich
V JÁMĚ
SPÁLENÁ
Národní třída, Metro B
Muzeum, Metro A
LEGENDE
>> SEHENSWÜRDIGKEITEN
>> ESSEN & TRINKEN
>> SHOPPEN
>> FREIZEITTIPPS

BESCHREIBUNG ROUTE 1 (ca. 5,7 km)

Am besten beginnst du den Spaziergang mit einem asiatischen oder italienischen Lunch 1 2 und überquerst danach den Náměstí Republiky zum Museum of Communism 3. Iss bei Červený Jelen 4 zu Mittag oder setz die Route entlang des Obecní Dům 5 fort, steig auf den Pulverturm 6 und bieg rechts ab in die U Prašne Brány. Trink eine Tasse Kaffee im Café de Paris 7, bieg danach links ab in die Králodvorská. Am Ende der Gasse führt der Weg rechts und dann wieder rechts durch ein Tor. Geh shoppen 8 oder iss einen tschechischen Pfannkuchen/ Palatschinken 9 und bieg dann links in die Jakubska. An deren Ende befindet sich der Eingang zum ehemaligen Handelshof Ungelt 10 11 12. Durch einen Torbogen an der Seite gegenüber verlässt du den Platz wieder 13. Rechts, in der Týnská Ulička, gibt es ein gutes vegetarisches Restaurant 14. Lauf ein Stück zurück, um die Kirche herum, und bieg an der Celetná links ab 15 16 17. Danach rechts in die Ovocnyý Trh und bei Nummer 12 in die Passage 18. Durchquere diese und bieg rechts ab in die Einkaufsstraße Na Příkopě. Folge dieser bis 28. Října, wo du die Straße schräg zur Jungmannovo Náměstí überquerst und über Národní Třida weiterläufst. An Nummer 37 biegst du rechts in die Passage ab. Überquere den Platz Uhelný Trh und folge der Rytířská Straße, bis du vor Stavovské Divadlo 19 nach links und wieder links abbiegst und über den Markt auf Havelská 20 läufst. An dessen Ende gelangst du in die Michalská, wo sich ein Teehaus und ein paar Restaurants befinden 21 22. Dieser folgst du bis ans Ende, wo du links in Richtung Altstädter Ring abbiegst 23 24; hier kannst du den Rathausturm erklimmen. Lauf dann, die Astronomische Uhr im Blick, nach links in Richtung Malé Náměstí, wo es leckere mexikanische Speisen gibt 25. Danach über U Radnice, links in die Platnéřská und am Ende wieder links durch die Křížovnická. Nach dem Klementinum 26 links in die Karlova, wo du entweder im Kafe Damu 27 eine kurze Pause machst oder weiterläufst, bis du rechts in die Husova abbiegen kannst, um dir ein Bier bei U Zlatého Tygra 28 zu genehmigen. Danach verlässt du die Straße und biegst rechts in die Betlémské Náměstí 29. Dort überquerst du den Platz und biegst rechts in die Liliova für eine heiße Schokolade 30 oder du gehst links in die Konviktská und trinkst ein Glas Prosecco 31, beziehungsweise isst weiter vorne einen Hamburger 32. Halte dich nun rechts, um in den kleinen Läden der Karolíny Světle 33 zu stöbern und im Boršov 34 vegetarisch zu essen, oder du folgst dem Straßenverlauf zum Fluss und machst eine Bierprobe im Prager Biermuseum 35.

SEHENSWÜRDIGKEITEN

③ Im Herzen der Stadt und des kommerziellen Zentrums befindet sich das **Museum of Communism**. Die lehrreiche Ausstellung, die unter anderem ein nachgebautes Verhörzimmer, ein Klassenzimmer, ein Lebensmittelgeschäft und Originalfilmaufnahmen umfasst, zeigt auf eindrucksvolle Weise, wie das Leben unter dem kommunistischen Regime aussah.
V Celnici 4, www.muzeumkomunismu.cz, Tel. 224212966, tgl. 9.00–20.00 Uhr, 24. Dezember geschl., Eintritt 380 Kč, Metro Náměstí Republiky

⑤ Das Prager Gemeindehaus **Obecní Dům** ist ein wunderbares Beispiel für die Architektur des Jugendstils. Es wurde 1905 bis 1911 erbaut und von führenden Künstlern der Region imposant ausgeschmückt. Im Bürgermeister-Saal sind prachtvolle Wandmalereien von Alfons Mucha zu bewundern. Im Keller befindet sich die behagliche American Bar, die älteste Bar Prags. Im Erdgeschoss gibt es den Designerladen Modernista und im oberen Stockwerk die **Smetana Hal**, Prags größte Konzerthalle.
Náměstí Republiky 5, www.obecnidum.cz, Tel. 222002101, tgl. 10.00–20.00 Uhr, Bürgermeister-Saal und andere Räume sind zu jeweils unterschiedlichen Zeiten im Rahmen einer Führung zu besuchen, Eintritt 290 Kč, Metro Náměstí Republiky

⑥ Der **Pulverturm** (Prašná Brána) war 1475 ursprünglich als zeremonieller Zugang zur Altstadt gedacht. Der Bau des Turms stoppte, als König Vladislav II acht Jahre später aus der Stadt fliehen musste. 1875 wurden die Bauarbeiten wieder aufgenommen und der Turm in neugotischem Stil restauriert. Im 17. Jahrhundert verwendete man den Turm zur Lagerung von Schießpulver, daher auch sein Name. Du kannst den Turm über eine enge, dunkle Wendeltreppe besteigen und oben zur Belohnung den gewaltigen Ausblick genießen. Im Turm selbst gibt es eine Ausstellung über das alltägliche Leben im Prag des Mittelalters.
Náměstí Republiky 5, www.muzeumprahy.cz/prazske-veze, Tel. 725847875, tgl. Nov.–Feb. 10.00–18.00, Apr.–Sep. 10.00–22.00, Okt. & März 10.00–20.00 Uhr, Eintritt 100 Kč, Metro Náměstí Republiky

⑬ Die beiden Türme der **Teynkirche** (Kostel Panny Marie Před Týnem) gehören zu den Wahrzeichen der Altstadt. 1365 begann der Bau der Kirche, der komplett

16

6

26

16

von Spenden der Bürger finanziert wurde. Achte bei einer Besichtigung vor allem auf das faszinierende Interieur mit seiner Kombination aus Elementen der Gotik, der Renaissance sowie des Barocks.

Týnská, Štupartská, www.tyn.cz, Tel. 222318186, öffentliche Besichtigungen März–Dez. Mi–Fr 10.00–12.00 Uhr, Preis 40 Kč, Metro Staroměstská

⑮ **Celetná**, die Fußgängerstraße zwischen Pulverturm und Altstädter Ring ist der erste Teil des sogenannten Königswegs. Dieser Weg, den die neuen Könige am Tag ihrer Krönung zurücklegten, verläuft vom Pulverturm zum Veitsdom auf der Prager Burg. Celetná sieht auf den ersten Blick vielleicht aus wie eine dieser typischen Touristenstraßen voller Souvenirläden, doch es lohnt sich, hier einen Moment stehen zu bleiben und einen Blick nach oben zu werfen: Die barocken und gotischen Fassaden wurden 1987 aufwendig restauriert.

Celetná, Metro Náměstí Republiky

⑯ An der Ecke zwischen Celetná en Ovocný trh steht eines der ersten kubistischen Gebäude Prags: das **Haus zur Schwarzen Muttergottes** (Dům U černé

Matky Boží) auf Nummer 34. Es wurde 1912 als Warenhaus erbaut, mit einem Café im kubistischen Stil auf der ersten Etage: das Grand Café Orient. Dieses Café existiert noch immer im Originalzustand, und man ist hier mmer noch richtig, um allerlei tschechische Leckereien zu genießen. Im Erdgeschoss befindet sich die Galerie Kubista mit kubistischen Möbeln und Gebrauchsgegenständen, Repliken kubistischen Geschirrs sowie Werken junger tschechischer Designer.
Ovocný trh 19, www.kubista.cz (galerie), www.grandcafeorient.cz (Café), Tel. 224236378, Galerie Mo–So 10.00–19.00, Café Mo-Fr 9.00-22.00, Sa–So 10.00–22.00 Uhr, Metro Náměstí Republiky

(23) Die **Astronomische Uhr** oder auch Prager Rathausuhr gehört zu den bekanntesten Sehenswürdigkeiten Prags. Sie befindet sich an der Südfassade des Altstädter Rathauses. Das astronomische Ziffernblatt zeigt die Zeit und gibt den Stand der Sonne und des Monds an. Zu jeder vollen Stunde erscheinen zwölf kleine Figuren in den Fenstern über der Uhr: die Parade der zwölf Apostel. Der Legende nach wurden Hanůs, der als letzter Hand anlegte, beide Augen ausgestochen, damit er solch eine Uhr nirgends ein zweites Mal nachbauen konnte.
Staroměstské Náměstí 1/3, www.staromestskaradnicepraha.cz, Metro Staroměstská, Můstek

(24) Das **Altstädter Rathaus** (Staroměstská Radnice) besteht aus mehreren aneinandergebauten Gebäuden im unterschiedlichen Baustil. Jedes Mal, wenn die Stadtverwaltung wieder Geld hatte, wurde ein nebenliegendes Haus gekauft und dem Rathaus angefügt. Es werden Führungen angeboten durch die Katakomben, einige Säle und die Kapelle, an deren Rückseite man einen Blick auf die Astronomische Uhr werfen kann. Vom **Rathausturm** hat man einen tollen Blick auf den Altstädter Ring sowie die Gassen und Dächer der Altstadt.
Staroměstské Náměstí 1, www.staromestskaradnicepraha.cz, Tel. 236002629, Rathaus Mo 11.00–19.00, Di–So 9.00–19.00, Turm Mo 11.00–22.00, Di–So 9.00–22.00 Uhr, Eintritt Rathaus 250 Kč, Turm 250 Kč, Metro Staroměstská

(26) Das ehemalige Jesuitenkolleg **Klementinum** gehört zu den größten Gebäudekomplexen Europas. Es besteht unter anderem aus fünf Innenhöfen, zwei Kirchen, einem Astronomischen Turm und der Tschechischen Nationalbibliothek. Man kann Führungen durch den Astronomischen Turm, die Spiegelkapelle oder

die Bibliothek buchen. Der barocke Bibliothekssaal ist mit seinen prachtvollen Fresken und historischen Globen einer der schönsten der Welt.
Křižovnická 190, Karlova 1 & Maríanské Náměstí 5, www.klementinum.com, Tel. 733129252, tgl. 10.00–18.00, Führungen tgl. Jan–Feb 10.00–16.30, März–Okt 10.00–16.00, Nov.–Dez. 10.00–17.30 Uhr, Eintritt 220 Kč, Metro Staroměstská

(29) Im Jahr 1391 durften Anhänger des Kirchenreformismus in Prag eine Kirche erbauen, in der die Gottesdienste statt auf Lateinisch auf Tschechisch abgehalten werden konnten: die **Bethlehemskapelle** (Betlémská Kaple). Von 1402 bis 1412 predigte hier Jan Hus. Nach einem Brand ließen die Jesuiten die Kirche 1796 abreißen. Das heutige Gebäude ist eine originalgetreue Replik aus dem Jahr 1952.
Betlémské Náměstí 3, www.bethlehemchapel.eu, Tel. 234678790, tgl. Nov.–März 9.00–17.30, Apr.–Okt. 9.00–18.30 Uhr, 24. & 31. Dez. geschlossen, Eintritt 60 Kč, Metro Národní Třida

ESSEN & TRINKEN

(1) **COA** (Cuisine of Asia) ist ein Fusion-Restaurant. Die Gerichte – von Sushi über Nasi Goreng bis zu einer großen Noodle-Bowl – sind inspiriert von der vietnamesischen, chinesischen, indonesischen und japanischen Küche. Besonders zu empfehlen ist die Honey Sesame Duck mit Tomaten-Ingwer-Chutney.
Revoluční 1, coaprague.cz, Tel. 222318724, tgl. 11.00–23.00 Uhr, Preis 250Kč, Metro Náměstí Republiky

(2) Das gut besuchte **Pizza Nuova** ist ein Familienrestaurant, das unter den Locals für die besten Pizzen und Pastas der Stadt bekannt ist. Die Pizzen werden nach neapolitanischen Originalrezepten zubereitet. Sehr beliebt sind die *Degustazioni*, bei denen man Pastas und Pizzen probieren kann, die von den Kellnern fortwährend serviert werden. Das Restaurant liegt direkt über dem COA.
Revoluční 1, www.pizzanuova.cz, Tel. 221803308, tgl. 11.30–23.00 Uhr, Preis 250 Kč, Degustazioni 500 Kč, Metro Náměstí Republiky

(4) Das **Červený Jelen** ist ein modernes Restaurant in einem großen, barocken Bankgebäude, das aus zwei Teilen besteht. In „The Bank“ isst man vor allem

7

Fleisch vom Grill: vom Steak mit Mais bis zu ganzen Brathähnchen. In „The Vault" stehen Spezialgerichte auf der Karte mit Fleisch, Ente, Fisch oder auch vegetarisch, wie zum Beispiel Sellerie mit Haselnüssen, Ziegenkäse und Kürbis. Im Restaurant wird das Bier im drei Stockwerke hohen „Bierturm" von Hand gebraut.
Hybernská 5, cervenyjelen.cz, Tel. 735123647, Mo–Fr 11.30–23.00, Sa 12.00–23.00, So 12.00–22.00 Uhr, Preis 600 Kč, Metro Náměstí Republiky

⑦ Im neogotischen Hotel Paris von 1904 befindet sich das kleine und elegante **Café de Paris**. Hier scheint seit den 1920er-Jahren die Zeit stillzustehen. Eigentlich darf man das Café erst dann wieder verlassen, wenn man auch die Torte „Paris" probiert hat – eine hausgebackene Schokoladentorte, zubereitet nach einem Rezept, das so alt ist wie das Hotel selbst.
U Obecního Domu 1, www.hotel-paris.cz, Tel. 222195816, tgl. 8.00–2.00 Uhr, Preis 250 Kč, Metro Náměstí Republiky

⑨ Tagsüber ein Bistro zum Frühstücken oder Brunchen und abends eine Weinbar, das ist das **Den Noc** (Tag Nacht). So haben die beiden Eigentümer ihren je-

weiligen Traum verwirklicht. In diesem schönen Raum mit roten und weißen Stühlen und einer beeindruckenden Sammlung von Weinflaschen an der Wand isst man tagsüber herrliche tschechische Pfannkuchen/Palatschinken und kann in den Abendstunden an thematischen Weinverkostungen teilnehmen.
Templová 7, www.dennoc.cz, Tel. 775697733, tgl. 8.30–15.00 Uhr, abends Weinproben laut Programm, Preis 125 Kč, Metro Můstek oder Náměstí Republiky

⑭ Die Locals begeben sich eher ungern in die touristischen Straßen rund um den Altstädter Ring, doch für das gemütliche **Maitrea** machen sie gerne eine Ausnahme. Hier, in einem der besten vegetarischen Restaurants der Stadt, isst sogar der echte Fleischliebhaber mit Genuss. Die Karte ist international, mit Einflüssen unter anderem aus Mexiko, Thailand, Spanien und auch Tschechien.
Týnská Ulička 6, www.restaurace-maitrea.cz, Tel. 221711631, Mo–Fr 11.30–22.30, Sa 12.00–22.30, So 12.00–22.00 Uhr, Preis 220 Kč, Metro Staroměstská

⑰ Das elegante Restaurant **Černá Madona** mit mannshohen Fenstern, das sich im selben Haus wie die Schwarze Madonna befindet, ist komplett im kubistischen Stil eingerichtet. Sämtliche Details wurden bedacht. Von den Kronleuchtern bis zum Geschirr: Alles verweist auf den Kubismus. In diesem beeindruckenden Ambiente kann man überdies wunderbar frühstücken, zu Mittag oder zu Abend essen. Auf der Karte stehen verschiedene Spezialitäten der tschechischen Küche wie Svíčková (Lendenbraten auf Sahne), aber auch Salate und Pasta.
Celetná 34, www.cernamadona.cz, Tel. 725992765, Mo–So 09.00–22.00 Uhr, Preis 350 Kč, Metro Můstek oder Náměstí Republiky

㉑ Das behagliche Teehaus **Čajovna U Zlatého Kohouta** befindet sich versteckt in der Ecke eines kleinen, malerischen Hinterhofs. Wenn man nicht aufpasst, läuft man einfach daran vorbei. Hier kannst du in aller Ruhe Tee trinken, als ob du bei deiner alten Tante zu Besuch wärst. Das Angebot an Teesorten ist schier unendlich.
Michalská 3, www.caj-u-kohouta.cz, Tel. 705223526, Mo–Fr 13.00–21.30, Sa/So 14.00–21.30 Uhr, Preis 60 Kč, Metro Můstek oder Národní Třída

㉒ Das **U Modré Kachničky II** ist eingerichtet mit antiken Möbeln, reich bestickten Gardinen, Wandtapeten und dekorativen Trennwänden für die erforder-

liche Privatsphäre. Auf der Karte stehen traditionelle tschechische Gerichte wie gebratene Ente mit Rot- und Weißkraut.
Michalská 16, www.umodrekachnicky.cz, Tel. 224213418, tgl. 11.30–23.00 Uhr, Preis 500 Kč, Metro Můstek, Staroměstská

(25) **Las Adelitas** ist das beste mexikanische Restaurant der Stadt. Begib dich ins Untergeschoss und tauche ein in den mexikanischen Flair. Die Margaritas, die Speisen und das Interieur lassen vergessen, dass man in Prag ist. Spezialität des Hauses sind die *Molcajete*, ein Gericht bestehend aus einem Stück Steak, Chorizo, Käse und Feigenkaktus, serviert in einem Gefäß aus vulkanischem Gestein, sowie die Enchilladas de Mole (eine Soße auf Basis von Kräutern und Schokolade).
Malé Náměstí 13, www.lasadelitas.cz, Tel. 222233247, tgl. 11.00–0.00 Uhr, Preis 250 Kč, Metro Staroměstská

(27) **Kafe Damu** ist ein Studentencafé mit kulturellen Vibes. Nicht unbedingt das, was man an einem derart touristischen Ort wie diesem erwarten würde, aber doch nicht ganz so abwegig, da Prag schließlich noch immer eine Universitätsstadt ist. Geschätzt wird es nicht nur wegen der relaxten Atmosphäre und des guten Espressos, sondern vor allem auch für das von Hand gebraute Bier.
Karlova 26, Facebook kafedamu, Tel. 234244269, Mo–Fr 11.00–0.00, Sa 14.00–0.00, So 16.00–0.00 Uhr, Preis 70 Kč, Metro Staroměstská, Tram 2, 17, 18 Karlovy Lázně

(28) Das **U Zlatého Tygra** ist das letzte authentische Café der Prager Altstadt. Stammtische werden hier von Generation zu Generation innerhalb einer Familie weitergegeben. Ist es dir gelungen, einen Tisch zu ergattern, solltest du wissen, dass das Bier hier nur halbliterweise gezapft wird und dass der Durchschnittsstammgast es selten bei unter zwei Gläsern belässt. Es gehörte zu den Lieblingscafés von Vaclav Havel, der hier auch mit Bill Clinton schon auf ein Bier gewesen ist. Man kann sich auch ein Schnitzel oder einen kleinen Imbiss bestellen.
Husova 17, www.uzlatehotygra.cz, Tel. 222221111, tgl. 15.00–23.00 Uhr, Preis halber Liter Bier 50 Kč, Mahlzeit 150 Kč, Metro Můstek oder Národní Třída

(30) Du liebst Schokolade? Dann bist du bei **Choco Café U Červené Židle** genau richtig. Hier werden mehr als 20 verschiedene Sorten heiße Schokolade serviert: Zartbitter, Vollmilch oder Weiß mit Ingwer, Nüssen, Meersalz, Kokos oder Rum.

35
Whirlpool
Fermentation
cooling
yeast
air
cool

4

21

14

2

28

Wie wär's mit einer heißen Schokolade mit Birnenstückchen und einem Schuss Amaretto? Noch immer nicht genug Kakao? Dann bestell dir noch ein Stück Schokoladentorte dazu oder kauf dir eine Tafel Schokolade für unterwegs.
Liliova 4, www.choco-cafe.cz, Tel. 222222519, tgl. 11.00–20.00 Uhr, Preis 80 Kč, Metro Národní Třida oder Staroměstkská

(31) Die **Champagneria** ist eine kleine, stilvolle Weinbar, die sich auf spritzige Weinsorten wie Champagner spezialisiert hat. Es herrscht eine familiäre Atmosphäre und das Personal ist immer freundlich. Abends treten häufig lokale Bands auf. Es ist der perfekte Ort, um sich von einem langen Tag in der Stadt zu erholen. Neben einer großen Weinkarte gibt es auch herrliche Tapas, wie zum Beispiel in Prosecco eingelegte Birnen mit Ziegenkäse und Walnüssen und sogar Austern.
Průchodní 4, champagneria.cz, Tel. 735025482, Mo–Sa 17.00–0.00, So 17.00–22.00 Uhr, Preis Glas Wein 100 Kč, Metro Staroměstská oder Národní Třída

(32) **Sad Man's Tongue** ist ein gemütliches Café, in dem die besten Hamburger der Stadt serviert werden. Von den Wandpostern bis zur Kleidung des Personals:

Alles hier erinnert an die 50er- und 60er-Jahre. Die Hamburger werden in einem Kunststoffkörbchen auf einer farbenfroh karierten Serviette serviert. Berühmt oder vielleicht sogar berüchtigt sind die Chokers, riesige doppelte Hamburger, etwa The Jimmy Hendrix mit hausgemachter Chilisoße. Reservieren ist nicht möglich.
Konviktská 7, www.sadmanstongue.net, tgl. 11.00–21.30 Uhr, Preis 300 Kč, Metro Staroměstská oder Národní Třída

(34) **Lehká Hlava** ist das beliebteste vegetarische Restaurant in Prag. Hier kann man sich gegrillten Ziegenkäse mit Cranberrys und Walnüssen oder auch eine Auberginenquesadilla mit Guacamole schmecken lassen. Um nach einem Tag in Prag ordentlich Kraft zu tanken, bestellst du am besten einen der Guaranacocktails. Hier ist immer viel los, vergiss also nicht zu reservieren.
Boršov 2, www.lehkahlava.cz, Tel. 222220665, Mo–Fr 11.30–23.30, Sa–So 12.00–23.30 Uhr, Preis 175 Kč, Tram 17, 18, 53 Karlovy Lázně

(35) Die Tschechen sind weltweit für ihren Bierkonsum bekannt, und dementsprechend hat jede Region eine eigene Brauerei. Du möchtest regional gebrautes Bier probieren? Dann statte doch dem **Prager Biermuseum** einen Besuch ab. Erwarte keine alten Braukessel, kupferne Leitungen oder eine Führung; bei diesem Museum handelt es sich einfach um eine Wirtschaft, allerdings mit über dreißig ständig wechselnden Sorten Bier aus der Region in der Zapfanlage.
Smetanovo Nábřeží 22, www.praguebeermuseum.cz, Tel. 222222173, So–Mi 10.00–2.00, Do–Sa 10.00–3.00 Uhr, Preis 50 Kč, Tram 2, 17, 18 Karlovy Lázně

SHOPPEN

(8) **První Republika** ist eine nostalgische Boutique in einer idyllischen Ecke der Altstadt. Der Kassenbon wird hier wie ein tschechischer Brief verpackt. Die Boutique verfügt über eine große Kollektion klassischer Kleider, Tops mit angesagten Prints, Jacken und vieles mehr. Sämtliche Stücke stammen von der deutschen Marke Himalaya. Dank der engagierten Verkäufer wirst du hier bestimmt fündig.
Templová 6, Facebook daja1927, Tel. 727842197, Mi–So 11.00–18.00 Uhr, Metro Náměstí Republiky

⑪ Bei **Botanicus** kann man wahrlich Stunden verbringen zwischen all den duftenden handgemachten Bodylotions, Gewürzen, Seifen, Ölen, Essigsorten, leckeren Sirupsorten und noch vielem mehr. Sämtliche Produkte werden aus Pflanzen und Kräutern hergestellt, die auf einem Biohof kurz vor den Toren Prags angebaut werden. Ideale Geschenke für dich oder jemand anderen.
Týnský Dvůr 3, www.botanicus.cz, Tel. 234767446, tgl. 10.00–19.00 Uhr, Metro Náměstí Republiky

⑫ Die Marke **Material** ist für moderne bunte Kronleuchter aus Kristallglas bekannt. Du hast zu Hause dafür keinen Platz? Kein Problem! Es werden auch herrliche Teelichthalter, Vasen, Weingläser sowie gläserne Perlen und Ketten angeboten.
Týnský Dvůr 1, www.i-material.com, Tel. 608664766, tgl. 10.30–18.00 Uhr, Metro Náměstí Republiky

⑱ In der **Pánská Pasáž** (Herrenpassage) befindet sich eine Ansammlung exklusiver Boutiquen für den wahren Gentleman. Hier kannst du dich von Kopf bis Fuß bei Armani einkleiden, den Bart trimmen lassen oder dich von den schönsten Musikinstallationen bei 440 Audio verzaubern lassen. Du bist in der Passage auch richtig, um ein luxuriöses Geschenk zu erstehen, etwa eine Packung Zigarren, einen eleganten Duft oder einen schicken Füller.
Na Příkopě 23, www.panskapasaz.cz, Passage tgl. 9.00–23.30 Uhr, Läden und Restaurants haben andere Öffnungszeiten, Metro Můstek oder Náměstí Republiky

㉝ Du bist auf der Suche nach einem originellen Andenken an Prag? Bei **Perfumed Prague** kannst du dir dein eigenes Parfum zusammenstellen. Die Düfte in diesem Studio stammen aus der französischen Stadt Grasse, aus der alle bekannten Parfumhäuser ihre Aromen holen. Nimm dir die Zeit und vertiefe dich in die Welt der Düfte. Das freundliche Personal hilft dir bei der Zusammenstellung eines Parfums, das wirklich zu dir passt. Daneben gibt es auch Duftkerzen und Seifen.
Karolíny Světlé 20, www.perfumedprague.cz, Tel. 607800307, Di–Sa 11.00–19.00 Uhr, Tram 2, 17, 18 Karlovy Lázně

12

18

11
Made in Prague

20

FREIZEITTIPPS

⑩ Das **Ungelt**, auch Teynhof genannt, ist ein prächtiger historischer Handelskomplex. Ein kleines Tor an der Štupartská-Straße gewährt Einlass auf den Hof, auf dem ausländische Kaufleute im 11. Jahrhundert ihre Waren feilboten oder einkauften. Der Zoll, der auf diese Güter erhoben wurde, hieß Ungelt und bald schon wurde die umliegende Gegend danach benannt.

Týnský Dvur, Metro Námestí Republiky

⑲ Das **Stavovské Divadlo** ist das älteste Theater Prags. In dem 1783 im Stil der Neoklassik errichteten Gebäude feierte 1787 Mozarts Oper Don Giovanni Premiere. Also ein Wallfahrtsort für Mozartfans! Auch heute noch wird hier regelmäßig der Don Giovanni aufgeführt, doch man kann hier auch allerlei andere Theater-, Ballett- und Opernvorstellungen besuchen.

Ovocný Trh 1, www.narodni-divadlo.cz, Tel. 771127909,
Ticketschalter tgl. 10.00–18.00 Uhr, Metro Mustek

⑳ Der **Havelská Tržnice** ist in der Altstadt der Marktplatz. Hier bekommt man frisches Obst und Gemüse, aber auch Spielzeug, Souvenirs, Tücher und vieles mehr. Schlendere gemütlich durch die Stände und kauf dir etwas Obst für unterwegs.

Havelská, Mo–Sa 7.00–19.00, So 8.00–18.30 Uhr, Metro Mustek

ROUTE 2

PRAGER BURG & HRADČANY

INFOS ZUR ROUTE

Dieser geschichtsträchtige Rundgang führt dich auf der Nerudova-Straße hoch zur Prager Burg, dem Höhepunkt der Tour. Du kannst den Aufstieg umgehen, indem du gleich beim Ausgang der Metro die Tram 22 nimmst. Steig an der Haltestelle Pražský Hrad aus. Geh über die U Prašného Mostu in die Burg, ab hier kannst du die Route wieder aufnehmen.

DIE VIERTEL

Dein Aufenthalt in Prag ist erst dann vollständig, wenn du auf der **Prager Burg** (Pražský Hrad) warst. Sie ist von überall in der Stadt leicht an den Türmen des **Veitsdoms** zu erkennen. Auch im Garten rund um die Burg mit all den Pavillons, Skulpturen und Brunnen lohnt sich ein Spaziergang.

Im 9. Jahrhundert wurde die Burg von Prinz Borivoj gegründet, seitdem sind die Paläste, Türme und Kirchen nach und nach hinzugekommen. Es gibt daher auch kaum einen Baustil, der hier nicht zu finden wäre. Ein gutes Beispiel dafür ist der Veitsdom. 1344 wurde der Grundstein gelegt, und es hat beinahe sechshundert Jahre gedauert, bis die Kathedrale 1929 vollendet wurde. Die Fundamente des Gebäudes sind gotisch, der höchste Turm vereinigt Elemente der Renaissance und des Barocks in sich und der Haupteingang ist in neugotischem Stil gehalten.

Auch die anderen Bauwerke der Burg sind im Laufe der Zeit erbaut, ausgebaut und renoviert worden. Der letzte große Umbau fand in den 20er-Jahren des letzten Jahrhunderts statt. Seit 1918 hatte die Regierung der Tschechoslowakei ihren Sitz auf der Burg. Auch der heutige Präsident hat hier sein Büro.

PRAGER BURG & HRADČANY

Hradčany ist ein Wohnviertel, das sich gen Westen von der Burg bis an das Kloster Strahov auf dem Petřín erstreckt. Hradčany wurde 1320 als Stadt mit eigenen Rechten gegründet, doch 1784 wurden die Altstadt, die Neustadt, Malá Strana und Hradčany zu einer Stadt zusammengefasst. Die verwinkelten Sträßchen von Hradčany eignen sich perfekt für einen romantischen Abendspaziergang.

WENIG ZEIT? DAS SIND DIE HIGHLIGHTS:
PRAGER BURG + KÖNIGLICHE GÄRTEN + LOBKOWICZPALAIS + PALAIS STERBERG + WALDSTEIN-GARTEN

TIPPS

// Knackige Wanderung mit vielen Höhenunterschieden // Veitsdom: teilweise frei zugänglich // Von den Palastgärten aus einen Spaziergang unternehmen

1. Palais Waldstein
2. Malostranská Beseda
3. Nerudova
4. Orel and Friends
5. Lebkuchenmuseum
6. Museum Montanelli
7. Koh-i-noor
8. Waffle Point U Kajetána
9. Kaférna Praha
10. Vegan's Prague
11. Pražská čokoláda
12. Kuchyň
13. Nový Svět
14. Kavárna Nový Svět
15. Wachablösung
16. Palais Sternberg
17. Königlicher Garten
18. Belvedère
19. Prager Burg
20. Veitsdom
21. Mihulka
22. Königspalast
23. Geschichte der Prager Burg
24. St.-Georgs-Basilika
25. Goldenes Gässchen
26. Daliborka-Turm
27. Spielzeugmuseum
28. Lobkowiczpalais
29. Museumsshop Lobkowiczpalais
30. Wallgarten
31. Palastgärten
32. U Zlaté Studně
33. Alte Schlosstreppen
34. St.-Wenzels-Weinberg
35. Villa Richter

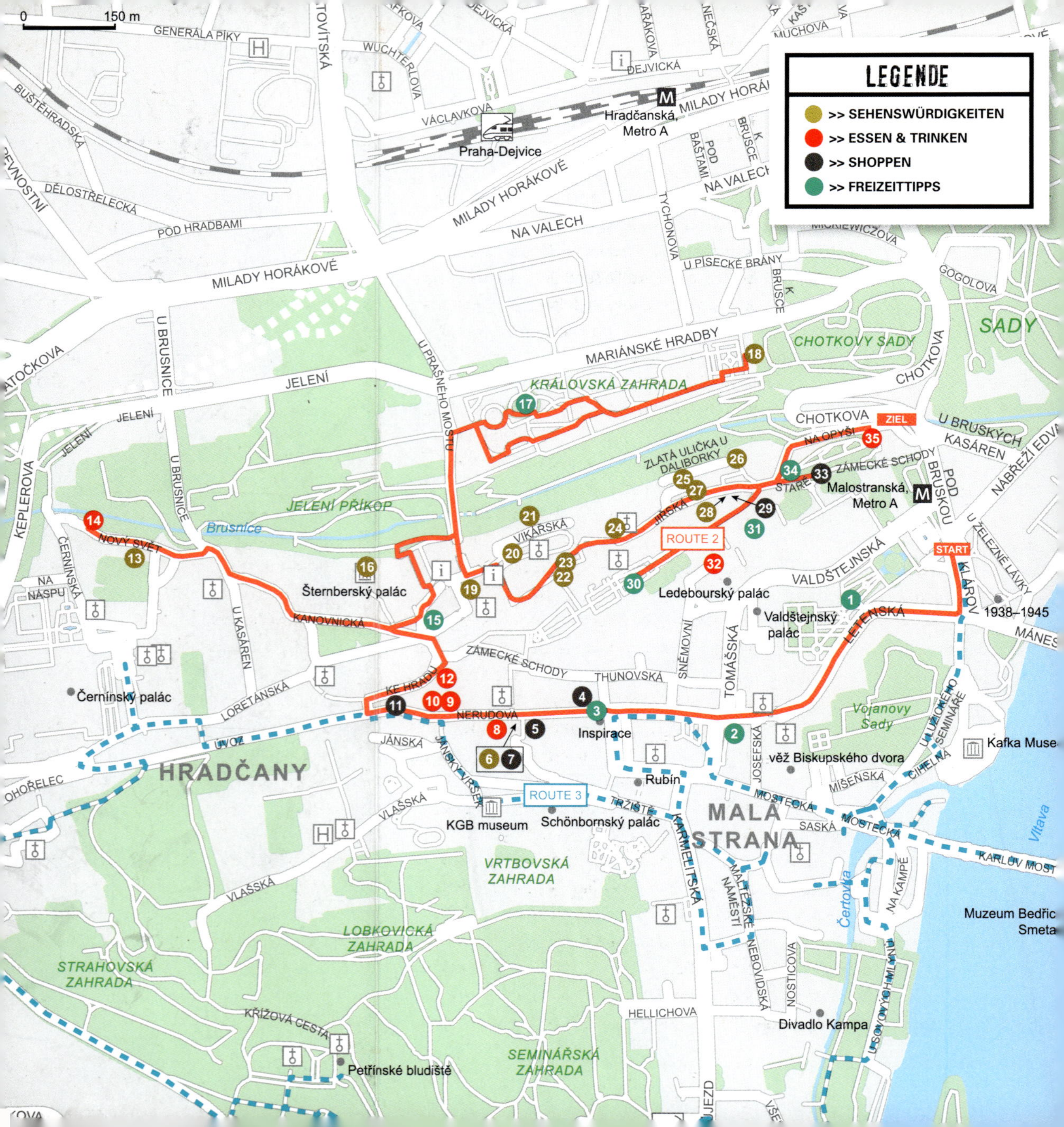
0
150 m
LEGENDE
>> SEHENSWÜRDIGKEITEN
>> ESSEN & TRINKEN
>> SHOPPEN
>> FREIZEITTIPPS
START
ZIEL
ROUTE 2
ROUTE 3
Praha-Dejvice
Hradčanská, Metro A
Malostranská, Metro A
HRADČANY
MALÁ STRANA
KRÁLOVSKÁ ZAHRADA
CHOTKOVY SADY
SADY
JELENÍ PŘÍKOP
Brusnice
Šternberský palác
Černínský palác
Ledebourský palác
Valdštejnský palác
Inspirace
Rubín
KGB museum
Schönbornský palác
věž Biskupského dvora
Kafka Muse
1938–1945
Vojanovy Sady
VRTBOVSKÁ ZAHRADA
LOBKOVICKÁ ZAHRADA
STRAHOVSKÁ ZAHRADA
SEMINÁŘSKÁ ZAHRADA
Petřínské bludiště
Divadlo Kampa
Muzeum Bedřic Smeta
Čertovka
Vltava
GENERÁLA PÍKY
BUŠTĚHRADSKÁ
DĚLOSTŘELECKÁ
POD HRADBAMI
MILADY HORÁKOVÉ
NA VALECH
VÁCLAVKOVA
WUCHTERLOVA
DEJVICKÁ
TYCHONOVA
POD BAŠTAMI
K BRUSCE
U PRAŠNÉHO MOSTU
MARIÁNSKÉ HRADBY
JELENÍ
U BRUSNICE
KEPLEROVA
NOVÝ SVĚT
ČERNÍNSKÁ
NA NÁSPU
KANOVNICKÁ
U KASÁREN
LORETÁNSKÁ
ÚVOZ
KE HRADU
NERUDOVA
JÁNSKÁ
JÁNSKÝ VRŠEK
VLAŠSKÁ
TRŽIŠTĚ
KARMELITSKÁ
ZÁMECKÉ SCHODY
THUNOVSKÁ
SNĚMOVNÍ
TOMÁŠSKÁ
JOSEFSKÁ
MOSTECKÁ
SASKÁ
MÍŠEŇSKÁ
CIHELNÁ
LETENSKÁ
VALDŠTEJNSKÁ
KLÁROV
MÁNES
NÁBŘEŽÍ EDVA
U BRUSKÝCH KASÁREN
POD BRUSKOU
U ŽELEZNÉ LÁVKY
U LUŽICKÉHO SEMINÁŘE
KARLŮV MOST
NA KAMPĚ
U SOVOVÝCH MLÝNŮ
NOSTICOVA
NEBOVIDSKÁ
MALTÉZSKÉ NÁMĚSTÍ
HELLICHOVA
KŘÍŽOVÁ CESTA
ÚJEZD
CHOTKOVA
GOGOLOVA
MICKIEWICZOVA
U PRAŠNÉ BRÁNY
NA OPYŠI
STARÉ ZÁMECKÉ SCHODY
ZLATÁ ULIČKA U DALIBORKY
JIŘSKÁ
VIKÁŘSKÁ
MUCHOVA
1 2 3 4 5 6 7 8 9 10 11 12 13 14 15 16 17 18 19 20 21 22 23 24 25 26 27 28 29 30 31 32 33 34 35

BESCHREIBUNG ROUTE 2 (ca. 5,8 km)

Starte an der Metrostation Malostranská. Verlass den Bahnhof, überquere den Platz und bieg dann rechts ab. An der Kreuzung gehst du rechts in die Letenská. Ganz vorne siehst du rechter Hand ein braunes Tor, dahinter liegt der Wald-stein-Garten 1. Am Ende der Letenská gehst du auf den Hügel. Lass dir ein tschechisches Mittagessen 2 schmecken, lauf anschließend über die Nerudova weiter bergauf und betrachte währenddessen die alten Giebelsteine 3. Erstehe ein Souvenir 4 oder Lebkuchenherz 5, sieh dir moderne Kunst an 6 und kauf eine Schachtel klassischer Koh-i-noor-Stifte 7. Bestell dir ein Stückchen weiter tschechische Pfannkuchen/Palatschinken 8 oder eine Tasse Kaffee 9. Oder aber du genießt eine vegane Mahlzeit 10 und besorgst leckere Schokolade für zu Hause 11. Anschließend geht es rechts ums Eck und dann die Ke Hrado hinauf zur Burg. Ruh dich aus auf der Terrasse von Kuchyň 12 und mach danach einen kleinen Abstecher über die Kanocicka (nach links) in das pittoreske Sträßchen Nový Svět 13 14. Kehr um und achte darauf, zur vollen Stunde vor den Toren der Burg zu stehen, um bei der Wachablösung dabei zu sein 15. Besichtige das Palais Sternberg 16 (auf der linken Seite gibt es einen Durchgang nach unten, weiter durch die große Metalltüre). In der rechten Ecke des Platzes gelangst du durch ein Tor in den Garten auf der Bastion (Zahrada na Baště), folgst dort dem Weg, läufst rechts die kleine Treppe hinunter und bleibst weiterhin auf dem Weg, bis du links eine Brücke und rechts das große Burgtor siehst. Entweder du überquerst nun die Brücke, um ein wenig durch die Königlichen Gärten 17 18 zu spazieren, oder du gehst durch das Tor in die Prager Burg 19. Eintrittskarten gibt es auf dem zweiten Innenhof. Auf dem dritten Innenhof befinden sich der Veitsdom 20, die Mihulka 21, der Königspalast 22, The Story of Prague Castle 23 und die St.-Georgs-Basilika 24. Wenn du weiterläufst, gelangst du zum Goldenen Gässchen 25 26, zum Spielzeugmuseum 27 und zum Lobkowiczpalais 28 29. Verlass die Burg über die Jiřská. Unmittelbar nach dem Ausgang geht es rechts um die Ecke Richtung Wallgarten 30, an dessen linker Seite ein Pfad hinunter in die Palastgärten führt. Nach Belieben kannst die diese aber auch am Ende des Rundgangs von unten erklimmen 31. Darüber hinaus besteht die Möglichkeit, die Treppen nach unten zu nehmen, um am Top-Restaurant U Zlaté Studně 32 anzukommen. Anschließend läufst du über die Alten Schlosstreppen Staré Zámecké Schody 33 oder über den Weingarten 34 35 den Hügel wieder hinunter.

SEHENSWÜRDIGKEITEN

(6) Im **Museum Montanelli** findest du wechselnde Ausstellungen zeitgenössischer Kunst und Art brut aus der ganzen Welt. Daneben werden regelmäßig Privatkollektionen europäischer Sammler ausgestellt. Alle zwei Monate gibt es eine neue Ausstellung, das aktelle Programm findest du auf der Homepage.
Nerudova 13, www.muzeummontanelli.com, Tel. 257531220, Di–Fr 14.00–18.00, Sa–So 13.00–18.00 Uhr, Eintritt 80 Kč, Metro Malostranská, Tram 12, 20, 22 Malostranské Náměstí

(13) Das Gässchen **Nový Svět** (Neue Welt) aus dem 16. Jahrhundert zählt zu den malerischsten Ecken Prags. Es scheint, als wäre die Zeit hier stehen geblieben. Früher lebten hier vor allem Künstler und Handwerksleute. So wohnten auf Nummer 1 der berühmte Astronom Tycho de Brahe und auf Nummer 25 der Geiger František Ondříček.
Nový Svět, Tram 22 Brusnice

(16) Im **Sternberg-Palais** (Šternberský Palác) befand sich seit 1796 die Vereinigung zum Schutz des Böhmischen Kulturerbes. Adelige stifteten dieser Vereinigung ihre schönsten Stücke, sodass eine fantastische Sammlung europäischer Kunstwerke entstand. Seit 1949 gehört die Kollektion der Nationalgalerie. Hier kannst du dich an Kunstwerken von u.a. Rembrandt und Rubens erfreuen.
Hradčanské Náměstí 15, www.ngprague.cz, Tel. 233090570, Di–So 10.00–18.00 Uhr, Eintritt 300 Kč, Metro Malostranská, Hradčanská

(18) Das **Belvedère**, auch Lustschloss der Königin Anna genannt, liegt in den Königlichen Gärten. Ferdinand I beauftragte Paolo della Stella zwischen 1538 und 1564 mit dem Bau dieses kleinen Sommerpalais für seine Frau Anna. Anna hat die Schönheit des Schlosses nie genießen können, da sie vor seiner Vollendung verstarb. Vor allem der Singende Brunnen, der seit 1568 im Garten steht, erfreut sich großer Beliebtheit.
Prager Burg, Königliche Gärten, www.hrad.cz, Besichtigungen nur zu Zeiten der Ausstellungen, Eintrittspreise variieren, Metro Malostranská, Hradčanská

6

16
NATIONAL GALLERY PRAGUE
STERNBERG PALACE

28

19

25
Golden Lane

16

⑲ Die **Prager Burg** (Pražský Hrad) entstand im 9. Jahrhundert. Inzwischen ist das Bauwerk einer der größten Burgkomplexe der Welt. Es umfasst vier Innenhöfe, mehrere Kirchen und Paläste. Der tschechische Staatspräsident hat hier seinen Sitz und auch die Regierung kommt hier zusammen. Die Burg ist von wunderschönen Gärten umgeben. Man könnte sich hier tagelang aufhalten und staunen.
Prager Burg, www.hrad.cz, Tel. 224372423, tgl. 06.00–22.00, historische Gebäude Apr.–Okt. 09.00–17.00, Nov.–März 09.00–16.00 Uhr, Kartenverkauf am Eingang oder am Informationszentrum, Eintritt 350 Kč, Karten 2 Tage gültig, Metro Malostranská, Hradčanská, Tram 12, 18, 20, 22, 23, 91 Pražský Hrad

⑳ Der **Veitsdom** (Katedrála Sv. Vita) ist die größte und wichtigste Kirche Prags. Die gotischen Türme sind von fast überall in der Stadt zu sehen. 1344 begann der Bau, der erst 1929 vollendet wurde. Der Haupteingang, die Kapellen und vor allem das Sternengewölbe der Wenzelskapelle und die goldene Pforte sind sehenswert. Achte draußen auf die Wasserspeier, die alle unterschiedlich gestaltet sind.
Dritter Schlosshof (III. Nádvoří), www.hrad.cz, Tel. 224372423, tgl. Apr.–Okt. 9.00–17.00, Nov.–März 9.00–16.00 Uhr, Eintritt Vorhalle gratis, alles andere mit Museumsticket, Metro Hradčanská, Malostranská

㉑ Der Pulverturm **Mihulka** wurde Ende des 15. Jahrhunderts erbaut und vielfältig verwendet. So diente er unter anderem mal als Magazin/Lagerplatz für Schießpulver, als Labor für Alchemisten und als Wohnung des Glöckners des Veitsdoms. Heute gibt es dort eine Dauerausstellung über die Prager Burgwächter.
Gässchen an der Vikarská, www.hrad.cz, Tel. 22432423, tgl. Apr.–Okt. 9.00–17.00, Nov.–März 9.00–16.00 Uhr, Eintritt im Prager-Burg-Ticket enthalten, Metro Hradčanská, Malostranská

㉒ Nachdem die Prager Burg im 11. Jahrhundert zu einer echten Festung ausgebaut worden war, bezogen die Böhmischen Fürsten den **Königspalast** (Královský Palác). Vom 13. bis 16. Jahrhundert residierte hier der Köning selbst. Das Gebäude besteht aus drei Stockwerken. Der Vladislav–Saal ist mit seiner beeindruckenden spätgotischen Decke das Herz des Komplexes.
Dritter Schlosshof (III. nádvoří), www.hrad.cz, Tel. 224372423, tgl. Apr.–Okt. 9.00–17.00, Nov.–März 9.00–16.00 Uhr, Eintritt Vorhalle gratis, alles andere mit Museumsticket, Metro Hradčanská, Malostranská

(23) Neugierig auf die Geschichte der Prager Burg? Dann besuch die Dauerausstellung **Die Geschichte der Prager Burg**. Hier erfährst du alles über den Bau der Burg und wie die Menschen dort über die Jahrhunderte gelebt haben.
Dritter Schlosshof (III. Nádvoří), www.hrad.cz, Tel. 224372423, tgl. Apr.–Okt. 9.00–17.00, Nov.–März 9.00–16.00 Uhr, Eintritt Vorhalle gratis, alles andere mit Museumsticket, Metro Hradčanská, Malostranská

(24) Das St.-Georgs-Kloster wurde im 10. Jahrhundert von Prinzessin Mlada als erstes Kloster Tschechiens gegründet. Auf dessen rechter Seite befindet sich die **St.-Georgs-Basilika** (Bazilika Sv. Jiří) mit ihren in warmen Farben gehaltenen Fassaden. Sie wurde 921 unter Herzog Vratislav I. erbaut. Das schlichte Gebäude ist zweifellos das schönste noch existierende romanische Gotteshaus Prags.
Jiřské Náměstí, www.hrad.cz, Tel. 22432423, tgl. Apr.–Okt. 9.00–17.00, Nov.–März 9.00–16.00 Uhr, Eintritt im Prager-Burg-Ticket enthalten, Metro Hradčanská, Malostranská

(25) Das **Goldene Gässchen** (Zlatá Ulička) ist während eines Pragbesuchs Pflicht. Das romantische Gässchen ist eingefasst von kleinen, bunten Häuschen aus dem 17. Jahrhundert. Es wurde in den Jahren 2009/2010 vollständig renoviert. Angeblich lebten in den Häuschen Alchemisten; historisch verbürgt ist jedenfalls, dass der tschechische Schriftsteller Franz Kafka in Nummer 22 lebte und arbeitete.
Zlatá Ulička, www.hrad.cz, Tel. 22432423, tgl. Apr.–Okt. 9.00–17.00, Nov.–März 9.00–16.00 Uhr, Eintritt im Prager-Burg-Ticket enthalten, Metro Malostranská

(26) Der **Daliborka-Turm** (Věž Daliborka) aus dem 15. Jahrhundert diente als Befestigung und als Kerker. Der Name stammt von seinem ersten Insassen: Dalibor. Dieser Ritter wurde zum Tode verurteilt, weil er geflüchtete Bauern versteckt hatte. Er wurde in einer unterirdischen Zelle eingesperrt, die nur über ein Loch in der Decke erreichbar war. Es wird erzählt, dass er hier Geige spielen lernte und dass die Menschen herbeiströmten, um ihm zuzuhören und ihn mit Essen durch die Luke zu versorgen. Seit 1781 wird der Turm nicht mehr als Gefängnis verwendet.
Zlatá Ulička, www.hrad.cz, nicht öffentlich zugänglich, Metro Malostranská

(27) Das **Spielzeugmuseum** (Muzeum Hraček) im Burgkomplex ist weltweit das zweitgrößte seiner Art. Es beherbergt einzigartige Exemplare (antiken) europäi-

schen und amerikanischen Spielzeugs. Das Museum verfügt zum Beispiel über einige Dutch Dolls. Diese hölzernen Puppen waren vor dem Ersten Weltkrieg sehr beliebt. Im ersten Stock des Museums befindet sich die Barbie-Dauerausstellung mit besonderen Stücken, darunter auch die Van-Gogh-Sonnenblumen-Barbie.

Jiřská Ulice 6, Tel. 224372294, tgl. 9.30–17.30 Uhr, Eintritt 70 Kč, Metro Malostranská

(28) Das Museum im alten **Lobkowiczpalais** (Lobkowiczký palác) verfügt über eine der umfangreichsten Familienkollektionen Europas. Gezeigt wird eine der bedeutendsten Sammlungen von Gemälden, Juwelen, Musikinstrumenten und Originalpartituren. Besonders zu empfehlen ist eine Tour mit Audioguide, darauf erzählt der heutige Baron Lobkowicz von der Geschichte des Palais und den Anstrengungen, die die Familie unternommen hat, um das Palais nach dem Zweiten Weltkrieg und der kommunistischen Periode wieder in ihren Besitz zu bekommen.

Jiřská Ulice 3, www.lobkowicz.cz, Tel. 233312925, tgl. 10.00–18.00 Uhr, Eintritt 275 Kč, Metro Malostranska

10

9

12

8

COFFEE
FRESH JUICE
9

2
NIAMI

ESSEN & TRINKEN

(8) Bei **Waffle Point U Kajetána** ist man verrückt nach Waffeln, tschechischen Pfannkuchen/Palatschinken und *Trdelnik* (Baumstriezel). Es ist die einzige Adresse in Prag mit einem veganen *Trdelnik* auf der Speisekarte. Stell dich draußen in die Reihe oder du ergatterst einen der wenigen Tische drinnen unter dem Deckengewölbe und bestellst dir einen Pfannkuchen/Palatschinken. Absoluter Hit sind bei den Locals die Palatschinken mit Sauerrahm und Himbeersoße.
Nerudova 17, Facebook creperieukajetana, Tel. 773011031, tgl. 9.00–19.00 Uhr, Preis 125 Kč, Metro Malostranská, Tram 12, 20, 22 Malostranské Náměstí

(9) **Kaférna Praha** ist eine Oase der Ruhe und des Kaffeedufts in der bekanntesten Straße von Malá Strana, der Nerudova. Das Interieur ist eher nüchtern, was für den Kaffee und das Gebäck so gar nicht gilt. Du kannst entweder im Hinterhof oder in einem der gemütlich eingerichteten Nischen im gewölbten Durchgang zum Hinterhof sitzen. Außer Kaffee, Tee und tschechischem Gebäck stehen auch herrliche Sandwiches oder Suppen auf der Speisekarte.
Nerudova 32, Facebook kaferna praha, Tel. 777224070, tgl. 10.00–19.00 Uhr, Preis 75 Kč, Tram 12, 15, 20, 22 Malostranské Náměstí

(10) Von der Terrasse des veganen Restaurants **Vegan's Prague** hat man eine wunderbare Aussicht auf die Burg. Auf der Karte stehen neben klassischen veganen Gerichten wie Currys und Hummus auch veganer Garnelencocktail und vegane Versionen tschechischer Klassiker wie Gulasch oder *Svíčková na Smetaně* (Lendenbraten auf Sahne). Und dazu gehört natürlich ein Glas tschechisches Biobier!
Nerudova 36, www.vegansprague.cz, Tel. 735171313, tgl. 11.30–21.30 Uhr, Preis 180 Kč, Metro Malostranská, Tram 12, 20, 22 Malostranské Náměstí

(12) Das **Kuchyň** zählt zu den besten tschechischen Restaurants in Prag, in einer fantastischen Location: direkt neben der Prager Burg. Von der geselligen Terrasse mit langen Holztischen hat man zudem einen atemberaubenden Blick auf die Stadt. Auf der Speisekarte stehen tschechische Klassiker wie Schnitzel oder Entenkeule mit Rotkraut und Knödel und natürlich hausgebrautes Bier.
Hradčanské Náměstí 1, kuchyn.ambi.cz, Tel. 736152891, tgl. 12.00–22.00 Uhr, Preis 300 Kč, Tram 12, 15, 20, 22 Malostranské Náměstí

(14) **Kavárna Nový Svět** ist das bestgehütete Geheimnis der Stadt. Hier trefffen sich die Locals, um sich in Ruhe mit Freunden zu unterhalten. Lass dich kurz dort nieder, bevor du die Tour zur Burg fortsetzt. Falls du dann überhaupt wieder wegwillst.

c 2, kavarna.novysvet.net, Tel. 242430700, Di–So 11.00–19.00 Uhr, Preis 60 Kč, Tram 22 Brusnice

(32) Nicht gerade günstig, doch die spektakuläre Aussicht von **U Zlaté Studně** macht den Preis absolut wett. Natürlich gehören zu diesem atemberaubenden Blick auf die Terracottadächer von Malá Strana auch exklusive Speisen. So steht beispielsweise Taube mit Kastanien und einer Cognac-Schokoladensoße mit auf dem Menü.

U Zlaté Studně 4, www.terasauzlatestudne.cz, Tel. 25753322, tgl. 7.00–23.00 Uhr, Preis 900 Kč, Metro Malostranská

(35) Auf dem Weingut nahe der Burg liegt die **Villa Richter**. Sie beherbergt drei Restaurants mit jeweils unterschiedlichen Preisklassen. Genieß luxuriöse internationale Gerichte in Piano Nobile, die tschechische Küche in Piano Terra oder einen Drink auf der Panorama-Pergola. Unter dieser mit Weinranken bedeckten Pergola lässt sich bei einem Glas Wein wunderbar der schöne Rundblick über Prag genießen.

Staré Zámecké Schody 6, www.villarichter.cz, Tel. 702205108, tgl. 11.00–23.00 Uhr, Preis 350 Kč, Metro Malostranská

SHOPPEN

(4) **Orel and Friends** ist einer derschönsten Geschenkshops in Prag. Neben kleinen Souvenirs wie Bleistiften oder Ansichtskarten findest du hier auch schöne und praktische Gebrauchsgegenstände für zu Hause. Alles stammt von regionalen Designern und Künstlern. Der Laden wird von einem Franzosen geführt, der leidenschaftlich gerne wandert und fotografiert. Die Poster von den in Tschechien so typischen Wegmarkierungen an Bäumen sind sein Werk.

Nerudova 6, www.orelandfriends.cz, Tel. 603291884, tgl. 11.00–17.00 Uhr, Tram 12, 15, 20, 22 Malostranské Náměstí

⑤ Rund um Weihnachten und Ostern stehen in Prag überall Marktstände mit reich verzierten Lebkuchen. Im **Lebkuchenmuseum** bekommst du sie das ganze Jahr, in sämtlichen Sorten und Größen. Von traditionellen Herzen und Häuschen bis zu trendigen Lebkuchencupcakes. Hinten im Laden kannst du den Lebkuchendekorateuren bei der Arbeit über die Schulter sehen.

Nerudova 9, www.gingerbreadmuseum.cz, Tel. 727944622, tgl. 10.00–18.00 Uhr, Metro Malostranská, Tram 12, 20, 22 Malostranské Náměstí

⑦ Wenn du durch den schönen Laden von **Koh-i-noor** schlenderst, wird deine Kreativität ganz automatisch angeregt. Die schönen Farben, das weiße Zeichenpapier und der Geruch nach Kreide und Grafit bringen in jedem den Künstler hervor. Der weltberühmte Bleistift, der ursprünglich aus Österreich kommt, wird bereits seit 1848 in Tschechien hergestellt. Darüber hinaus findest du hier Farbe, Pinsel, Schablonen und Malbücher.

Nerudova 13, Tel. 731534401, tgl. 10.00–19.00 Uhr, Metro Malostranská, Tram 12, 20, 22 Malostranské Náměstí

4
AMOUR..

4

33

⑪ **Pražská čokoláda** ist ein Schokoladengeschäft mit Stil. Hier gibt es exquisite handgemachte Schokoladen, Nougat und andere Leckereien, wie die für Prag so typischen Mandeln in Schokolade und Zimt. Und alles ist elegant verpackt. Besonders zu empfehlen sind die Kaffeebohnen in Schokolade. Im angrenzenden Design Hotel Neruda befindet sich das zugehörige Prague Chocolate Café, wo man eine Tasse heiße Schokolade oder Schokoladenfondue genießen kann.
Nerudova 46, www.prazskacokolada.cz, Tel. 778536453, tgl. 10.00–18.00 Uhr, Tram 12, 15, 20, 22 Malostranské Náměstí

㉙ Der **Museumsshop** des Lobkowiczpalais verfügt über eine große Bandbreite von Ansichtskarten, Büchern und Postern von Prag. Daneben werden einige Souvenirs angeboten, die aus der hauseigenen Sammlung stammen, sowie preisgekrönte Weine des Weinguts der Familie Lobkowicz.
Jiřská Ulice 3, www.lobkowicz.cz, Tel. 233312925, tgl. 10.00–18.00 Uhr, Metro Malostranská

㉝ An den **Alten Schlosstreppen** (Staré Zámecké Schody) kommst du an kleinen Läden mit bemalten Steinen, Bildern und anderen Souvenirs vorbei. Sehr touristisch, aber mit etwas Geduld, findest du sicherlich schöne Mitbringsel.
Staré Zámecké Schody, Läden tgl. 10.00–18.00 Uhr, Metro Malostranská

FREIZEITTIPPS

① Das **Palais Waldstein** (Valdštejnský Palác) wurde 1624 bis 1630 im Auftrag eines der einflussreichsten Adeligen im ehemaligen Köngreich Böhmen erbaut, General Albrecht Eusebius von Waldstein. Der Palast sollte sogar die Prager Burg übertreffen. Heute befindet sich hier der Sitz des tschechischen Senats. Hinter dem Palais liegt der schöne Waldstein-Garten (Valdštejnská Zahrada) mit Abgüssen der originalen Bronzefiguren. Außerdem gibt es im Garten eine künstliche Tropfsteinhöhle, eine herrliche Loggia, einen Zierteich und die Alte Reitschule.
Valdštejnské Náměstí 4, www.senat.cz, Tel. 257075707, Palais Nov.–März Sa–So (erstes Wochenende) 10.00–16.00, Apr.–Mai, Okt. Sa–So 10.00–17.00, Juni–Sep. Sa–So 10.00–18.00 Uhr, Eintritt frei, Metro Malostranská, Tram 12, 18, 20, 22, 23, Pražský Hrad, Pohoreleč

(2) Im ehemaligen Rathaus von Malá Strana befindet sich das Kulturzentrum **Malostranská Beseda** mit seinem eleganten Café. In diesem komplett im Stil der Renaissance errichteten Gebäude, samt Türmchen und Dachfensterchen, kann man sieben Tage pro Woche Konzerte und Theatervorstellungen besuchen, wie etwa während des Prague Fringe Festivals. Rock, Blues oder Folk, sämtliche Musikstile werden gespielt. Es gibt hier auch ein gutes tschechisches Restaurant und im Gewölbekeller eine typisch tschechische Schankwirtschaft.
Malostranské Náměstí 35, www.malostranska-beseda.cz, Tel. 257409112, tgl. 11.00–23.00 Uhr, Metro Malostranská

(3) Die **Nerudova-Straße**, ein Teil des Königswegs, ist nach dem Schriftsteller Jan Neruda aus dem 19. Jahrhundert benannt. Hier schrieb er Geschichten über die Region und wohnte zwischen 1845 und 1857 im Haus Zu den zwei Sonnen mit der Nummer 47. Schau dir in dieser Straße unbedingt die alten Haussymbole zu an. Bevor die Häuser 1770 Hausnummern bekamen, waren sie an ihren Giebelsteinen zu erkennen, von denen noch einige schöne Exemplare erhalten geblieben sind. So sieht man auf Nummer 2 den Roten Adler, auf Nummer 12 die Drei Geigen, auf Nummer 34 das Goldene Hufeisen, auf Nummer 43 den Grünen Hummer und auf Nummer 49 den Weißen Schwan. Auf Nummer 32 findest du die erste Apotheke von Hradčany aus dem Jahr 1749.
Nerudova Ulice, Metro Malostranská

(15) Die **Wachablösung** wird jede volle Stunde auf dem Ersten Innenplatz vollzogen. Besonders sehenswert ist sie um 12 Uhr, denn dann werden die Wachen mit pompösem militärischem Zeremoniell abgelöst. Dank straffer Choreografie und Fanfarenmusik ist das Ganze eine Attraktion für sich.
Erster Innenhof/Ehrenhof Prager Burg, www.hrad.cz, Metro Malostranská, Hradčanská

(17) Der **Königliche Garten** (Královská Zahrada) ist vor allem im Frühling wunderschön und lädt zum Verweilen ein. Der Garten wurde im 16. Jahrhundert im englischen Stil angelegt. Hier befinden sich sowohl der ehemalige Sitz des Präsidenten wie auch das Sommerpalais Belvedère und das Ballhaus.
Zweiter Innenhof Prager Burg, www.hrad.cz, tgl. Apr. & Okt. 10.00–18.00, Mai & Sep. 10.00–19.00, Juni–Juli 0.00–21.00, Aug. 10.00–20.00 Uhr, Eintritt frei, Metro Malostranská, Hradčanská

15

34
Taste the local wines

30

(30) Vom **Wallgarten** hat man einen großartigen Blick über die Dächer von Malá Strana. Es stehen hier überall Bänke, du kannst also gemütlich umherspazieren und immer wieder ein wenig ausruhen.

Prager Burg, Zahrada Na Valech, www.hrad.cz, Tel. 224373368, tgl. Apr. & Okt. 10.00–18.00, Mai & Sep. 10.00–19.00, Juni–Juli 10.00–21.00, Aug. 10.00–20.00 Uhr, Metro Malostranská

(31) In Hradčanská gibt es viele Gärten, doch die **Palastgärten** (Palácové Zahrady) unterhalb der Prager Burg sind warhrscheinlich die allerschönsten. Die Terrassengärten sind durchzogen von dekorativen Pfäden, Treppen, Pavillons und Springbrunnen. Mehrere Terrassen führen direkt zur Südseite des Schlosses. Auf dem Weg nach oben (oder nach unten) hat man einen grandiosen Blick über die Dächer der Häuser von Malá Strana. Zugang auch vom Wallgarten aus möglich.

Valdštejnské Námestí 3, www.palacove-zahrady.cz, Tel. 724823719, tgl. Apr. & Okt. 10.00–18.00, Mai & Sep. 10.00–19.00, Juni–Juli 10.00–21.00, Aug. 10.00–20.00 Uhr, Eintritt 100 Kč, Metro Malostranská

(34) Bist du jemals mitten in einer Stadt durch einen Weinberg gelaufen? Das geht! Kurz vor den Toren der Burg liegt der **St.-Wenzels-Weinberg** (Svatováclavskévinice). Dieser existiert bereits seit dem 10. Jahrhundert und ist einer der ältesten Weinberge Tschechiens. Mit den Jahren war er ziemlich verfallen, doch nach gründlicher Sanierung ist der Weinberg seit 2008 für das Publikum wieder zugänglich.

Staré Zámecké Schody 6, www.villarichter.cz, Tel. 702205108, tgl. 11.00–23.00 Uhr, Eintritt frei, Metro Malostransk

ROUTE 3

KARLSBRÜCKE & MALÁ STRANA

INFOS ZUR ROUTE

Dieser Spaziergang führt dich durch das zauberhafte Malá Strana, vorbei am Petřín zur weltberühmten Karlsbrücke. Es ist eine abwechslungsreiche, charmante Route voller Geschichte, Kunst, Kultur und Grün. Du kommst vorbei an interessanten Museen wie etwa dem Franz Kafka Museum oder dem Kampa Museum mit moderner Kunst. Hast du nur wenig Zeit? Dann bleib einfach in Malá Strana und begib dich über Újzed zum Malostranské Náměstí.

DIE VIERTEL

In Prag gibt es viele Brücken, die bekannteste ist die **Karlsbücke**, die Attraktion der Stadt. Sie ist stets von Touristenscharen und zahllosen Souvenirverkäufern bevölkert. Um in Ruhe über die Brücke zu spazieren, muss man morgens schon sehr früh da sein. Unterhalb der Karlsbrücke, umschlossen von Moldau (Vlatava) und Teufelsbach (Certovka), liegt die **Kampa-Insel**. Sie wird auch das Venedig Prags genannt. Hier kann man romantisch zu Mittag oder zu Abend essen und die Aussicht auf das Wasser genießen.

Die Karlsbrücke verbindet die Altstadt mit Malá Strana. Dieses Viertel befindet sich am Fuße der Prager Burg und geht auf das 13. Jahrhundert zurück. Bei einem Brand im Jahr 1541 wurde ein Großteil des Viertels zerstört, wonach es vorwiegend im Stil des Barocks wiederaufgebaut wurde. Hier kann man sich endlos durch das Labyrinth der Gässchen treiben lassen, in denen ein Haus schöner ist als das andere. Hervorzuheben sind hier die Giebelsteine, die den Häusern bis 1770 als Adresse dienten. Darüber hinaus hatten sie auch eine symbolische Bedeutung. Ein Löwe oder Bär stand für Kraft, ein Hufeisen brachte Glück und eine Lilie symbolisierte Reinheit. Es kann übrigens sein, dass dir das Viertel bekannt vorkommt; Malá Strana ist eine beliebe Filmlocation.

Südwestlich von Malá Strana ist der Berg **Petřín**, ein riesiger Park mit Blumengärten, wohin die Locals gerne der Hektik der Stadt entfliehen. Auf den Berg gelangt man mit der Seilbahn oder zu Fuß über kurvige Pfade, die abends romantisch beleuchtet werden. Die Hauptattraktion des Parks ist der Petřínturm, ein 60 Meter hoher Eiffelturm-Lookalike von 1891. Von hier aus hat man einen großartigen Blick auf die „Stadt der hundert Türme".

WENIG ZEIT? DAS SIND DIE HIGHLIGHTS:
KARLSBRÜCKE + KAMPA-INSEL + FRANZ KAFKA MUSEUM + PETŘÍN + STRAHOV-KLOSTER

TIPPS

// Ein Muss für Kunstliebhaber // Zeit sparen? Nimm die Seilbahn auf den Petřín // Unternimm eine Bootsfahrt

KARLSBRÜCKE & MALÁ STRANA

1. Slivovitz Museum
2. Voyanový Sady
3. Franz Kafka Museum
4. Shakespeare A Synové
5. Marionety Pavel Truhlář
6. Artěl Design Shop
7. PO-ETI-KO
8. Prague Venice Tour
9. Muzeum Karla Zemana
10. Kampa Park
11. Kampa-Insel
12. John-Lennon-Mauer
13. Werich-Villa
14. Museum Kampa
15. Kavárna Mlýnská
16. Café Savoy
17. Ichnusa Botega Bistro
18. Loki Burgers
19. Petřín
20. Noi
21. Petřínturm
22. Spiegellabyrinth
23. Galerie Miro
24. Klášterní Pivovar
25. Strahov-Kloster
26. Strahov-Galerie
27. Bellavista
28. Loreto-Heiligtum
29. Jesulein von Prag
30. Tschechisches Museum der Musik
31. Cukrkávalimonáda
32. St.-Nikolaus-Kirche
33. Turm der St.-Nikolaus-Kirche
34. ROESEL beer & food
35. Pork's
36. Karlsbrücke
37. Altstädter Brückenturm

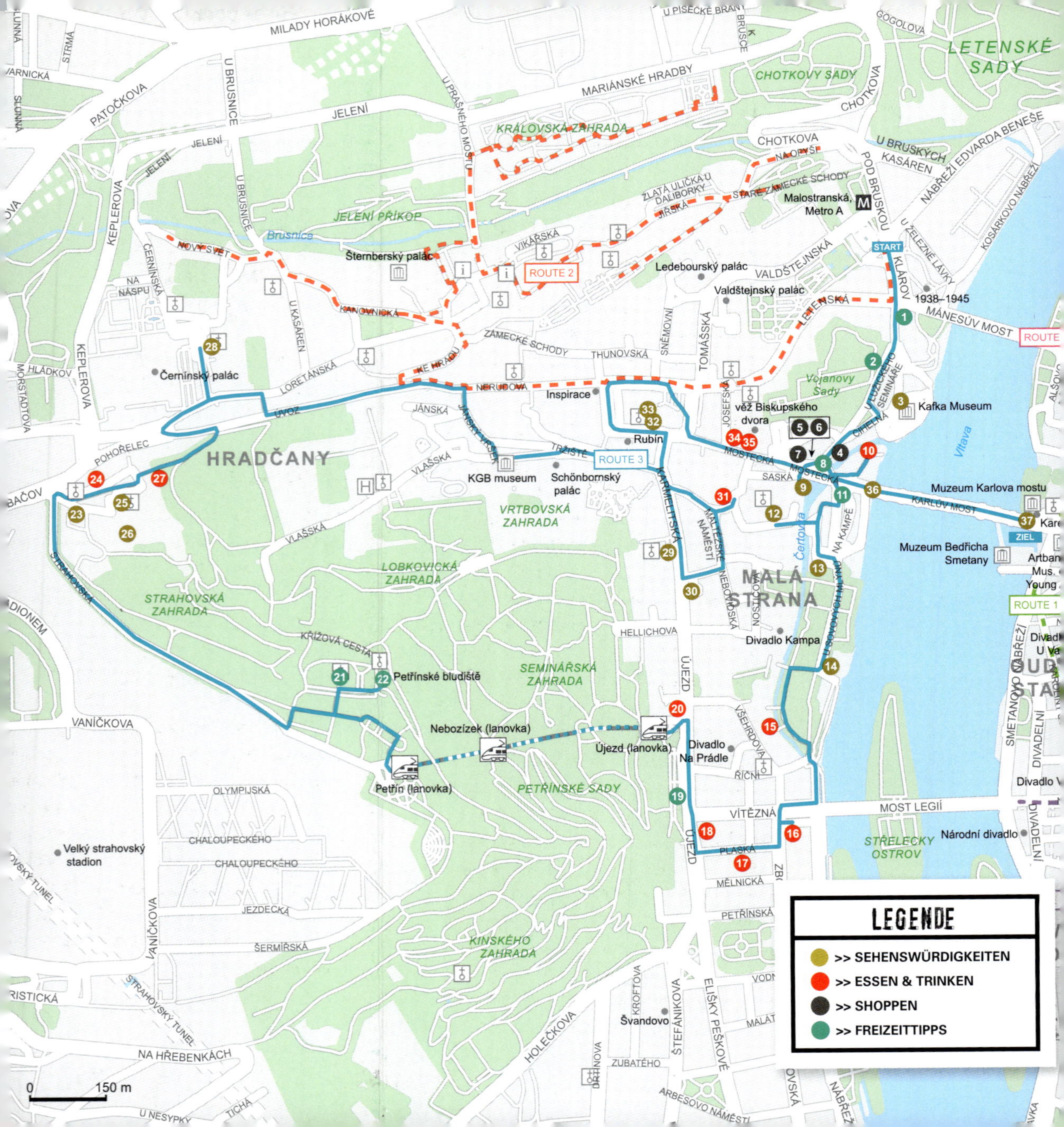

LEGENDE
>> SEHENSWÜRDIGKEITEN
>> ESSEN & TRINKEN
>> SHOPPEN
>> FREIZEITTIPPS
START
ZIEL
ROUTE 1
ROUTE 2
ROUTE 3
HRADČANY
MALÁ STRANA
LETENSKÉ SADY
CHOTKOVY SADY
KRÁLOVSKÁ ZAHRADA
JELENÍ PŘÍKOP
Brusnice
VRTBOVSKÁ ZAHRADA
LOBKOVICKÁ ZAHRADA
STRAHOVSKÁ ZAHRADA
SEMINÁŘSKÁ ZAHRADA
PETŘÍNSKÉ SADY
KINSKÉHO ZAHRADA
Vojanovy Sady
STŘELECKÝ OSTROV
Vltava
Čertovka
Malostranská, Metro A
Šternberský palác
Ledebourský palác
Valdštejnský palác
Černínský palác
Inspirace
věž Biskupského dvora
Kafka Museum
Rubín
KGB museum
Schönbornský palác
Muzeum Karlova mostu
Muzeum Bedřicha Smetany
Petřínské bludiště
Nebozízek (lanovka)
Újezd (lanovka)
Petřín (lanovka)
Divadlo Na Prádle
Divadlo Kampa
Národní divadlo
Velký strahovský stadion
Švandovo
1938–1945
MILADY HORÁKOVÉ
MARIÁNSKÉ HRADBY
JELENÍ
PATOČKOVA
KEPLEROVA
U BRUSNICE
U PRAŠNÉHO MOSTU
CHOTKOVA
GOGOLOVA
U BRUSKÝCH KASÁREN
NÁBŘEŽÍ EDVARDA BENEŠE
KOSÁRKOVO NÁBŘEŽÍ
POD BRUSKOU
KLÁROV
U ŽELEZNÉ LÁVKY
MÁNESŮV MOST
ZLATÁ ULIČKA U DALIBORKY
JIŘSKÁ
STARÉ ZÁMECKÉ SCHODY
NA OPYŠI
VIKÁŘSKÁ
VALDŠTEJNSKÁ
LETENSKÁ
NOVÝ SVĚT
ČERNÍNSKÁ
NA NÁSPU
U KASÁREN
KANOVNICKÁ
ZÁMECKÉ SCHODY
THUNOVSKÁ
SNĚMOVNÍ
TOMÁŠSKÁ
KE HRADU
NERUDOVA
LORETÁNSKÁ
HLÁDKOV
MORSTADTOVA
ÚVOZ
JÁNSKÁ
JÁNSKÝ VRŠEK
TRŽIŠTĚ
VLAŠSKÁ
POHOŘELEC
JOSEFSKÁ
MOSTECKÁ
SASKÁ
KARMELITSKÁ
MALTÉZSKÉ NÁMĚSTÍ
NEBOVIDSKÁ
U LUŽICKÉHO SEMINÁŘE
CIHELNÁ
KARLŮV MOST
NA KAMPĚ
U SOVOVÝCH MLÝNŮ
STRAHOVSKÁ
KŘÍŽOVÁ CESTA
HELLICHOVA
ÚJEZD
VŠEHRDOVA
ŘÍČNÍ
VÍTĚZNÁ
MOST LEGIÍ
PLASKÁ
MĚLNICKÁ
PETŘÍNSKÁ
VANÍČKOVA
OLYMPIJSKÁ
CHALOUPECKÉHO
JEZDECKÁ
ŠERMÍŘSKÁ
STRAHOVSKÝ TUNEL
NA HŘEBENKÁCH
HOLEČKOVA
KROFTOVA
ŠTEFÁNIKOVA
ELIŠKY PEŠKOVÉ
ZUBATÉHO
ARBESOVO NÁMĚSTÍ
U NESYPKY
TICHÁ
SMETANOVO NÁBŘEŽÍ
DIVADELNÍ
0
150 m

BESCHREIBUNG ROUTE 3 (ca. 7,9 km)

Startpunkt ist die Metrostation Malostranská, von wo du rechts in Richtung Malá Strana läufst. Erfahre alles über *Slivovice* 1, erkunde den ältesten Stadtpark Prags 2 und schließe Bekanntschaft mit Kafka 3. Geh shoppen 4 5 6 7 oder unternimm eine Bootsfahrt 8. Lauf unter der Karlsbrücke durch und besuch das Filmmuseum für Special Effects 9. Geh wieder zurück und gönn dir ein edles Mittagessen 10, spazier anschließend über die Kampa-Insel 11. Besichtige die Lennon-Mauer 12, die Werich- Villa 13 und das Museum Kampa 14. Bestell dir etwas zu trinken bei Kavárna Mlýnská 15, etwas zu essen im Café Savoy 16, eine Portion Sardinen bei Ichnusa 17 oder einen Hamburger bei Loki Burgers 18. Anschließend setzt du deinen Weg fort und biegst rechts ab in die Úzed, bis du am Fuße des Petřínhügels stehst 19. Reservier für heute Abend einen Tisch bei Noi 20 und fahr dann mit der Seilbahn nach oben, wo du dann den Schildern in Richtung Aussichtsturm Petřín 21 folgst. Gleich rechts daneben, im Spiegellabyrinth, gibt es ein wenig Training für die Lachmuskeln 22. Lauf am Spielplatz vorbei zurück und bieg rechts in die Strahovská-Straße, der du bis ans Ende folgst. Dann geht es rechts und gleich wieder rechts auf das Gelände des Strahov-Klosters 23 24 25 26, welches du auf der gegenüberliegenden Seite durch das Tor wieder verlässt. Bestell dir etwas zu essen im Restaurant Bellavista 27 und besichtige das Loreto-Heiligtum 28. Danach musst du erst wieder ein Stück zurück, dann in die Lretanská-Straße, um rechts die steilen Treppen hinunterzusteigen. Unten angekommen geht es nach links, die Úvoz-Straße entlang, bis sie schließlich in die Nerudova übergeht. Nimm rechts die Treppen hinunter zur Jánský Vršek. An deren Ende biegst du links in die Tržiště-Straße, an deren Ende du rechts das Prager Jesulein 29 oder ein Museum 30 besichtigen kannst. Mach am Maltézské náměstí einen kleinen Abstecher, um eine Kleinigkeit zu essen 31, und lauf weiter über die Prokopská zur St.-Nikolaus-Kirche 32 33 auf dem Malostranské Náměstí. Dreh eine Runde um den Platz, bieg anschließend links in die Mostecká-Straße, wo du auch etwas essen oder trinken 34 35 kannst, oder setz deinen Weg gleich bis zur Karlsbrücke 36 37 fort.

SEHENSWÜRDIGKEITEN

(3) Im **Franz Kafka Museum** wird das Leben des tschechischen Schriftstellers auf ganz besondere Weise dargestellt, unter anderem mit Licht- und Soundinstallationen sowie mit Fotos. Man spürt direkt den Einfluss, den Prag auf Kafka und seine Art, zu schreiben, gehabt hat. Auf diese Weise ist das Museum auch für jene interessant, die seine Bücher nicht gelesen haben.
Cihelná 2b, www.kafkamuseum.cz, Tel. 257535373, tgl. 10.00–18.00 Uhr, Eintritt 200 Kč, Metro Malostranská

(9) Der tschechische Filmemacher Karel Zeman war ein Meister der Special Effects. Für Terry Gilliam und Steven Spielberg war sein Werk eine Quelle der Inspiration. In dem kleinen interaktiven **Muzeum Karla Zemana** erfährst du, wie er seine Filmtricks kreierte. Du siehst Szenen aus seinen Filmen und kannst sie selbst nachspielen. Vergiss nicht, deine Kamera mitzunehmen!
Saský Dvůr, www.muzeumkarlazemana.cz, Tel. 724341091, tgl. 10.00–19.00 Uhr, Eintritt 200 Kč, Tram 12, 20, 22 Malostranské Náměstí

(12) Die **John-Lennon-Mauer**, ursprünglich nur eine der vielen historischen Mauern von Malá Strana, bekam in den 80er-Jahren eine besondere Bedeutung. Nach dem Mord an John Lennon wurde die Mauer zu Ehren des Musikers von verschiedensten Menschen bemalt. Zu dieser Zeit war Tschechien noch kommunistisch, und westliche Popmusik war verboten. Daher wurde die Mauer sogleich zu einem Symbol von Widerstand und Freiheit. Die Mauer ist ein dynamisches Kunstwerk, das oft übermalt wird und daher sein Aussehen stets verändert.
Velkopřevorské Náměstí, Metro Malostranská

(13) Die **Werich-Villa** stammt aus dem 16. Jahrhundert und ist Teil des Museums Kampa. Die Ausstellungen in der Villa halten die Erinnerung an die Geschichte der Moldau-Insel Kampa, der Villa und ihrer Bewohner wach. So wohnte hier einst der Dichter und Nobelpreisträger Vladimier Holan, dem eine der Dauerausstellungen gewidmet ist. Im Erdgeschoss liegt das vortreffliche IF Café von Iveta Fabešová, der besten Konditorin Prags.
U Sovových Mlýnů 7, www.werichovavila.cz, Tel. 251511669, Museum Mo–So 10.00–18.00 Uhr, Eintritt 100 Kč, Tram 6, 9, 12, 20, 22 újezd

32

⑭ Das **Museum Kampa** erkennt man sofort an den drei überlebensgroßen Baby-Statuen des Künstlers David Černý, die neben dem Gebäude platziert sind. Im Museum findest du eine breite Sammlung zeitgenössischer Kunst aus Mittel- und Osteuropa. Ein Großteil der Kollektion wurde von Meda Mládek zusammengetragen, der in den 60er- und 70er-Jahren Werke mittel- und osteuropäischer Künstler kaufte, um diese der restlichen Welt zugänglich zu machen.

U Sovových Mlýnů 2, www.museumkampa.cz, Tel. 257286147, tgl. 10.00–18.00 Uhr, Eintritt 200 Kč, Tram 12, 20, 22 Hellichova

㉓ In der **Galerie Miro** finden ständig wechselnde Ausstellungen statt. So wurden hier schon Werke von Picasso, Chagall und Frank Ettenberg gezeigt. Es lohnt sich, kurz nachzusehen, ob gerade etwas ausgestellt wird, das dich interessiert.

Strahovské Nádvoří 1, www.galeriemiro.cz, Tel. 233354066, tgl. 10.00–17.00 Uhr, Eintritt je nach Ausstellung zwischen 30–100 Kč, Tram 22 Pohořelec

㉕ Das **Strahov-Kloster** (Strahovský Klášter) wurde 1140 von Vladislav II. gegründet. Die größte Attraktion ist die Bibliothek aus dem 17. Jahrhundert mit

rund 130.000 Büchern, darunter Bibeln in unterschiedlichsten Sprachen. Achte auch auf die faszinierenden Fresken an der Gewölbedecke.
Strahovské Nádvoří 1, www.strahovskyklaster.cz, Tel. 233107752, tgl. 9.00–12.00 & 13.00–17.00 Uhr, Eintritt 120 Kč, Tram 22 Pohořelec

(26) In der **Gemäldegalerie Strahov** (Strahovská Obrazárna) gibt es eine kostbare Sammlung gotischer, barocker und romantischer Kunst zu entdecken. Die Galerie stammt von 1838, und die Kollektion umfasst mittlerweile mehr als 1500 Gemälde. Obendrein wird auch eine Sammlung grafischer Kunstwerke gezeigt sowie Textilien aus dem 14. Jahrhundert, Möbel, Glas, Porzellan und Juwelen.
Strahovské Nádvoří 1, www.strahovskyklaster.cz, Tel. 233107752, tgl. 9.30–11.30 & 12.00–17.00 Uhr, Eintritt (inkl. Besuch im Kloster) 120 Kč, Tram 22 Pohořelec

(28) Das **Loreto-Heiligtum** ist seit seiner Errichtung im Jahr 1626 schon immer ein Walfahrtsort gewesen. Mitten in dieser Wallfahrtsstätte steht eine Kopie des Heiligen Hauses. Außerdem gibt es eine Kirche mit mehreren Kapellen und einen Glockenturm. Lass dir nicht die Schatzkammer entgehen! Hier kannst du eine Monstranz (Hostienschale) aus dem Jahr 1698 bewundern, die aus vergoldetem Silber gefertigt und mit 6222 Diamanten geschmückt ist.
Loretánské náměstí 7, www.loreta.cz, Tel. 220516740, tgl. Apr.–Okt. 9.00–17.00, Nov.–März 9.30–16.00 Uhr, Eintritt 150 Kč, Tram 22 Pohořelec

(29) Noch Wünsche offen? Dann versuch's doch mal beim **Prager Jesulein** (Pražské Jezulátko) in der Kirche Maria vom Siege (Kostel Panny Marie Vítězné). Schon seit dreihundert Jahren kommen die Menschen von nah und fern zu dieser 45 Zentimeter hohen Wachsfigur. Denn, so wird gesagt, die kleine Statue kann Wunder bewirken. Die Nonnen kleiden das Kindchen immer wieder mit einem der an die hundert verschiedenen Gewänder ein.
Karmelitska 9, www.pragjesu.info, Tel. 257533646, Mo–Sa 8.30–19.00, So 8.30–20.00 Uhr, keine Besichtigungen während Gottesdiensten, Eintritt gegen Spende, Tram 12, 20, 22 Malostranské Náměstí

(30) Das **Tschechische Museum der Musik** (České muzeum hudby) verfügt über eine große Sammlung historischer Musikinstrumente. Neben Orgeln, Pianos und Geigen gibt es auch eine enorme Bandbreite an exotischen Musikinstru-

menten. Bei manchen fragt man sich, wie sie wohl gespielt werden und wie sie klingen. Neben einigen hängen Kopfhörer, damit man sie sich anhören kann.
Karmelitská 2, www.nm.cz, Tel. 224497707, Mi–Mo 10.00–18.00 Uhr, Eintritt 120 Kč, Tram 12, 20, 22 Hellichova

(32) Ein auffallendes Monument in der Malá Strana ist die grüne Kuppel der **St.-Nikolaus-Kirche** (Kostel Sv. Mikuláše). Die ursprünglich gotische Kirche aus dem Jahr 1283 wurde von 1704 bis 1756 um einen 79 Meter hohen barocken Dom erweitert. An der Decke kann man das größte Fresko Europas bewundern: Johann Krackers Verherrlichung des Heiligen Nikolaus von 1761. Und auf der Orgel aus dem Jahr 1746 hat sogar Mozart noch gespielt!
Malostranské Náměstí 38, www.stnicholas.cz, Tel. 257534215, tgl. März–Okt. 9.00–17.00, Nov.–Feb. 9.00–16.00 Uhr, Eintritt 70 Kč, Tram 12, 20, 22 Malostranské Náměstí

(33) In der kommunistischen Zeit hatte der StB (die Staatssicherheit) mehr als siebzig geheime Observationsposten in Prag. So befand sich auf der höchsten Ebene des **Turms der St.-Nikolaus-Kirche** der Beobachtungspunkt Kajka, der vor allem dazu diente, die nahe gelegene Amerikanische Botschaft auszuspähen. Von diesem Posten ist heute nichts mehr zu sehen, aber durch die Fenster hat man einen wunderbaren Blick auf die Malá Strana, die Burg und eben auch die amerikanische Botschaft.
Malostranské Náměstí 38, www.muzeumprahy.cz/prazske-veze, tgl. Apr.–Sep. 10.00–22.00, März & Okt. 10.00–20.00, Nov.–Feb. 10.00–18.00 Uhr, Eintritt 90 Kč, Tram 12, 20, 22 Malostranské Náměstí

(36) 1357 gab Karl IV Anweisung, die erste feste Brücke über die Moldau zu bauen. Dies wurde die **Karlsbrücke** (Karlův Most). Sie verbindet die Altstadt mit Malá Strana und ist heute eine der bekanntesten Touristenattraktionen der Stadt. Ab 1683 wurde die Brücke beiderseits um Skulpturen bereichert, wobei die meisten, die dort heute stehen, Kopien sind. Zahllose Stände mit Schmuck, Gemälden und Karikaturen befinden sich auf der Brücke. Vergiss nicht, den goldenen Hund zu Füßen der Statue des Heiligen Nepomuk zu berühren. Der Legende nach kommt man dann noch einmal nach Prag zurück. Und wer möchte das nicht?
Karlsbrücke, Metro Staroměstská, Tram 17, 18 Karlovy Lázně

13

13

14

(37) Der gotische **Altstädter Brückenturm** (Staroměstská Mostecká Věž) wurde Ende des 14. Jahrhunderts von Peter Parler errichtet. Der Turm über dem ersten Brückenpfeiler der Karlsbrücke ist mit Plastiken Kaisers Karl IV., des Heiligen Wenzel und des Heiligen Vitus geschmückt. Im Turm wird ein Film über die astronomische und astrologische Symbolik, die beim Bau dieser Brücke Verwendung gefunden hat, gezeigt. Der Ausblick von der ersten Etage ist wunderbar.
Karlsbrücke, www.muzeumprahy.cz/prazske-veze, Tel. 224220569, tgl. Apr.–Sep. 10.00–22.00, Okt. & März 10.00–20.00, Nov.–Feb. 10.00–18.00 Uhr, Eintritt 90 Kč, Metro Staroměstská, Tram 17, 18 Karlovy Lázně

ESSEN & TRINKEN

(10) Im Restaurant **Kampa Park** kann man exzellent zu Mittag oder zu Abend essen, und das bei einer atemberaubenden Aussicht auf die Karlsbrücke. Reservier einen Tisch außen am Wasser oder im romantischen Wintergarten. Auf der Speisekarte, die stets der Saison angepasst wird, findet man Fleisch-, Fisch-,

vegetarische und sogar vegane Gerichte. Spargel, ein Steak mit Mais oder Sashimi vom Lachs: In diesem Restaurant schmeckt einfach alles. Der Dresscode ist *smart casual* und reservieren ist klug.

Na Kampě 8b, kampapark.com/en, Tel. 296826112, tgl. 11.30–22.00 Uhr, Preis 700 Kč, Tram 12, 15, 20, 22 Malostranské Náměstí

(15) Das **Kavárna Mlýnská** (das „Mühlencafé") ist ein gemütliches, alternatives Café auf der Kampa-Insel und bei den Locals sehr beliebt. Es ist der perfekte Ort, um kurz mal dem Touristenstrom zu entkommen. Die Bar ist hier das absolute Prunkstück, das nicht nur dazu dient, Getränke darauf abzustellen, sondern zudem ein Kunstwerk des berühmten David Černý ist. Und tatsächlich kommt der Künstler ab und an auf ein Bier vorbei.

Všehrdova 14, Facebook kavarna.mlynska, Tel. 257313222, Mo–So 12.00–0.00 Uhr, Preis 60 Kč, Tram 6, 9,12, 20, 20 Újezd

(16) Das **Café Savoy** hat Klasse. Das Brot wird nur mit weißen Handschuhen geschnitten, die Weinflaschen werden in einer deckenhohen Vitrine zur Schau gestellt und das Personal bedient auf Handzeichen. Genieß, während du eine Tasse leckeren Kaffee und ein Stück Kuchen verzehrst, unbedingt den Blick nach oben auf die bemerkenswert prachtvolle Decke. Reservieren empfohlen.

Vítězná 5, cafesavoy.ambi.cz, Tel 257311562, Mo–Fr 8.00–22.30, Sa–So 9.00–22.30 Uhr, Preis 350 Kč, Tram 6, 9, 12, 22 Újezd

(17) Im **Ichnusa Botega Bistro** kannst du dir in familiärem Ambiente die sardische Küche schmecken lassen. Sämtliche Weine sowie die meisten Zutaten werden direkt aus Sardinien importiert. Bestellt euch gemeinsam, um von allem zu probieren, eine Portion *Culurgiones* (sardische Ravioli), *Malloreddus* (Pasta mit Safran, geformt wie Gnocchi) oder sardische Meeresfrüchte.

Plaská 5, ichnusa.business.site, Tel. 605375012, tgl. 12.00–22.30 Uhr, Preis 500 Kč, Tram 9 und 22 Újezd

(18) Wer einen wirklich guten Hamburger essen will, sollte zu **Loki Burgers** gehen. Der Laden ist für seine saftigen Hamburger und den freundlichen Service bekannt. Beliebt ist der „Guacamole Bacon Burger", den man, ebenso wie all die anderen Burger, auch mit glutenfreiem Burgerbun bestellen kann. Die Ham-

burger werden auf einem papiernen Platzdeckchen mit Zeitungsdruck serviert. In dem geschmackvoll eingerichteten Restaurant mit den Holztischen und den Regalen bis zur Decke herrscht eine äußerst gemütliche Atmosphäre

Vítězná 15, www.lokiburgers.cz/cs, Tel. 608348065, Mo–Fr 10.00–22.00, Sa/So 11.00–22.00 Uhr, Preis 200 Kč, Tram 7, 9, 10, 22 Újezd

⑳ Guter Service und thailändische Köche machen das **Noi** zu einem der besten thailändischen Restaurants von Prag. Such dir im Restaurant einen Platz mit Blick auf die offene Küche aus oder geh durch bis zum ruhigen Innenhof. Auf der Karte ist anhand der abgebildeten Peperoni die jeweilige Schärfe der Gerichte angegeben. Fast alle Speisen sind auch als vegetarische Variante erhältlich. Besonders zu empfehlen ist das Phad Thai Kai.

Újezd 19, www.noirestaurant.cz, Tel. 257311411, tgl. 11.00–1.00 Uhr, Preis 250 Kč, Tram 6, 9, 12, 20, 22 Újezd

㉔ Da, wo sich heute das **Klášterní Pivovar** befindet, war von 1628 bis 1907 die Brauerei des Strahov-Klosters. Die Brauerei wurde 2000 renoviert und ist seitdem wieder in Betrieb. Vom Restaurant aus sind die Kessel zu sehen, in dem das St.-Norbert-Bier gebraut wird. Das ganze Jahr über kann man hier frisch gezapftes helles oder dunkles Bier genießen. Für Ostern und Weihnachten wird ein besonderes Oster- und Weihnachtsbier gebraut.

Strahovské Nádvoří 10, www.klasterni-pivovar.cz, Tel. 233353155, tgl. 10.00–22.00 Uhr, Preis 250 Kč, Tram 22 Pohořelec

㉗ Gäste wie Sean Connery und The Rolling Stones kamen bereits in den Genuss des atemberaubenden Blicks über Prag und der ausgezeichneten Speisen, die im Restaurant **Bellavista** serviert werden. Man kann hier aus diversen italienischen Spezialitäten, Salaten oder anderen, stets wechselnden Gerichten wählen.

Strahovské Nádvoří 1, www.bella-vista.cz, Tel. 220517274, tgl. 11.00–0.00 Uhr, Preis 400 Kč, tram 22 Pohořelec

㉛ Das **Cukrkávalimonáda** ist ein Garant für kulinarischen Hochgenuss. Hier lässt sich wunderbar frühstücken, zu Mittag essen oder auch ein nicht zu spätes Abendessen zu sich nehmen. Wörtlich übersetzt heißt Cukrkávalimonáda: „Zucker, Kaffee, Limonade" und ist das tschechische Gegenstück zu „Ene mene

34

35

15

34

Have a fancy lunch!

Miste". Hier schmeckt einfach alles, von den Croissants und den Salaten bis zu den hausgemachten Pastasorten. Das stilvolle Interieur ist eine Kombination von modernem Minimalismus mit Elementen der Renaissance, mit einer eleganten Balkendecke und schwarzen Wänden, die als Kreidetafel verwendet werden.
Lázeňská 7, Cukrkavalimonada.com, Tel. 257225396, tgl. 9.00–19.00 Uhr, Preis 500 Kč, Tram 12, 15, 20, 22 Malostranské Náměstí

(34) **ROESEL beer & food** ist ein einfaches kleines Café im Shabby-Stil, an dem die meisten Touristen einfach vorbeilaufen. Es ist eine kleine Oase der Ruhe im geschäftigen und touristischen Malá Strana. Hier kann man sich wunderbar bei einem Glas Bier oder einer Tasse Kaffee samt leckerem Stück Torte von einer Wanderung erholen. Der Appetit auf Herzhaftes lässt sich mit einer Auswahl hausgemachter Aufstriche auf einer Scheibe frischen tschechischen Brots stillen.
Mostecká 20, roesel-beer-cake.business.site, Tel. 777119368, Mo–So 10.00–22.00 Uhr, Preis Mittagessen oder Snack 75 Kč , Tram 12, 20, 22 Malostranské Náměstí

(35) Wer nach Prag kommt, muss sie probieren: die tschechische Variante der Schweinshaxe (vepřové Koleno). Bei **Pork's** gibt es die besten der Stadt: saftig und voller Geschmack, traditionell serviert mit Senf, Meerrettich und Sauerkraut. Auf der Karte stehen auch andere Schweinefleischgerichte, wie Schweineschnitzel oder Pulled Pork. Lust auf Nachtisch? Dann trau dich und bestell ein Biereis mit Schlagsahne. Pork's ist ein einfaches, modernes tschechisches Restaurant in einem historischen Gebäude mit Deckengewölbe.
Mostecká 16, www.porks.cz, Tel. 725181828, tgl. 12.00–11.30 Uhr, Preis 300 Kč, Metro Malostranská, Tram 12, 20, 22 Malostranské Náměstí

SHOPPEN

(4) Im **Shakespeare A Synové** werden neue und gebrauchte englischsprachige Bücher angeboten. Von Werken über Kunst bis zu Dramen und von Kinderbüchern zu Science-Fiction. Hinten im Laden stehen gemütliche Stühle, sodass man etwas in den Büchern schmökern kann, die man vielleicht kaufen möchte.
U Lužického Semináře 10, www.shakes.cz, Tel. 257531894, tgl. 11.00–19.00 Uhr, Tram 12, 20, 22 Malostranské Náměstí

⑤ Über vierhundert nette, witzige, gruselige und ergreifende Marionetten füllen die Fächer bei **Marionety Pavel Truhlář**. In Prag gibt es viele Marionettenläden, doch dies ist einer der wenigen original tschechischen Shops. Pavel arbeitet nämlich nur mit tschechischen Künstlern. Unbedingt einen Blick in die Werkstatt hinten im Laden werfen!

U Lužického Semináře 5, www.marionety.com, Tel. 602689918, tgl. 10.00–21.00 Uhr, Tram 12, 20, 22 Malostranské Náměstí

⑥ **Artěl Design Shop** ist der Concept-Store der amerikanischen Designerin Karen Feldman. In Prag wurde sie vom Böhmischen Kristall des vorigen Jahrhunderts inspiriert, und so fing sie mit dem Entwerfen kristallener Gläser, Vasen und Schalen an. Ihre Entwürfe sind einzigartig in Prag, und man kann die kristallenen Utensilien individuell nach Wunsch in sämtlichen Farben und mit allen Motiven bestellen. Daneben findet man hier ein breites Sortiment an Schmuck, Spielzeug oder kleineren Alltagsgegenständen, designt nach tschechischem Vorbild.

U Lužického Semináře 7, www.artelglass.com, Tel. 251554008, Mo–Fr 12.00–19.00, Sa 10.00–17.00 Uhr, Metro Malostranská, Tram 12, 18, 20, 22 Malostranská

⑦ Bei **PO-ETI-KO** findet man natürliche Öko-Kosmetika mit Zutaten aus tschechischem Anbau. Die Marke wurde von vier Freundinnen gegründet, die jede in einem anderen Fachgebiet zu Hause ist: Naturwissenschaften, Kräuterkunde, Kunst und Werbung. Das Resultat sind hübsch verpackte Kosmetikartikel in hochwertiger Qualität. Der stilvolle Laden am Fuße der Karlsbrücke strahlt Ruhe und Reinheit aus. Probier die Handcreme mit Mohnsamen und Thymian oder das Duschgel mit Aprikose und Ringelblume.

U Lužického Semináře 5, www.poetiko.organic, Tel. 601501410, tgl. 10.00–20.00 Uhr, Metro Malostranská, Tram 12, 18, 20, 22 Malostranská

FREIZEITTIPPS

① Im **Slivovitz Museum** der tschechischen Brennerei R. Jelínek erfährst du mehr über die Geschichte und den Produktionsprozess des jahrhundertealten Branntweins *Slivovice*. Traditionell wird er aus fermentierten Pflaumen hergestellt, doch es gibt auch Varianten wie Kirschgeist (Třešňovice) und Aprikosen-

geist (Meruňkovice). Nachdem die Ausstellung Ende 2019 komplett überarbeitet wurde, ist es heute ein sehr modernes Museum in einem schönen historischen Gebäude-5-D-Virtual-Reality-Show, Café und Museumsshop inklusive.
U Lužického Semináře 48, www.muzeumslivovice.cz, Tel. 724814034, tgl. 11.00–19.00 Uhr, Preis 550 Kč, Metro Malostranská

② **Voyanový Sady** ist der älteste Stadtpark Prags, dessen Ursprünge noch in der Zeit des Mittelalters liegen, als er noch ein Klostergarten mit Obstgarten war. Der Park, versteckt hinter einer hohen Mauer, ist eine Oase der Ruhe und bei den Locals sehr beliebt, weil die meisten Touristen hier einfach vorbeilaufen. Such dir eine schattige Bank am Teich und bewundere die mysteriöse St.-Elias-Kapelle, deren Äußeres einer Steingrotte ähnelt.
U Lužického Semináře 17, Tel. 221097411, tgl. Dez.–Jan. 8.00–16.00, Feb.–März, Okt.–Nov. 8.00–17.00, Apr.–Sept. 8.00–19.00 Uhr, Tram 12, 18, 20, 22 Malostranská, Metro Malostranská

19

2

(8) Lust auf einen romantischen Ausflug? Dann unternimm eine **Prague-Venice-Bootstour**. Auch wenn du nicht sofort in das Boot steigen willst, die Anlegestelle an sich ist bereits sehenswert. Schau dir das Wasserrad an und finde heraus, warum dieses Fleckchen „das Venedig Prags" genannt wird.
Kampa-Insel, www.prague-venice.cz, Tel. 776776779, tgl. 10.00–18.00 Uhr, Preis Bootsfahrt 45 Minuten 340 Kč, Tram 12, 20, 22 Malostranské Námestí

(11) Die **Kampa-Insel** ist eine relativ ruhige Insel, die durch den Kanal Certovka vom Festland abgetrennt ist. Der Platz Na Kampé ist gesäumt von kleinen Cafés und Restaurants, während im südlichen Bereich von Kampa ein friedlicher Park mit Bäumen ist. Perfekt, um der Stadt für einen Moment zu entfliehen.
Kampa-Insel, Tram 12, 20, 22 Malostranské Námestí

(19) Der **Petřín** ist 318 Meter hoch und einer der größten Parks der Stadt. Ganz oben steht der Petřínturm. Wenn du den Hügel zu Fuß erklimmst, kommst du an der Hungermauer (Hladová Zed) vorbei, die sich von Újezd nach Strahov erstreckt. Sie wurde 1362 von Bedürftigen während der Hungersnot zur Sicherung ihres Lebensunterhalts erbaut. Es gibt auch eine Seilbahn (Lanóva Dráha). Mit dieser kannst du bis ganz nach oben fahren oder nach zwei Dritteln der Fahrt am Restaurant Nobozízek aussteigen. In der Seilbahn gilt das Prager Nahverkehrsticket.
Petřín, tgl. Nov.–Feb. 10.00–18.00, März & Okt. 10.00–20.00, Apr.–Sep. 10.00–22.00 Uhr, Preis 120 Kč, Tram 6, 9, 12, 20, 22 Újezd

(21) Oben auf dem Petřín steht der **Petřínturm** (Petrínská Rozhledna). Von dieser 1891 erbauten Minireplik des Eiffelturms ist der Blick über Prag herrlich.
Petřín, www.petrinska-rozhledna.cz, Tel. 257320112, tgl. Nov.–Feb. 10.00–18.00, März & Okt. 10.00–20.00, Apr.–Sep. 10.00–22.00 Uhr, Eintritt 105 Kč, Tram 6, 9, 12, 20, 22 Seminárskou Zahradou

(22) Das **Spiegellabyrinth** (Zrcadlové Bludište) auf dem Petřín ist voller Zerrspiegel. Schau zu, wie dein lang gestreckter Körper wieder klein und stämmig wird. Ein Spaß für alt und jung!
Petřín, www.petrinska-rozhledna.cz, Tel. 724911497, tgl. Nov.–Feb. 10.00–18.00, März & Okt. 10.00–20.00, Apr.–Sep. 10.00–22.00 Uhr, Eintritt 75 Kč, Tram 6, 9, 12, 20, 22 Seminárskou Zahradou

ROUTE 4

JÜDISCHES VIERTEL

INFOS ZUR ROUTE

Bei dieser Wanderung lernst du die jüdische Geschichte der Stadt kennen. Die meisten Sehenswürdigkeiten, wie zum Beispiel die alten Synagogen und der Friedhof, gehören zum Jüdischen Museum. Aber auch ohne Besichtigung des Museums lohnt sich dieser Rundgang. Jahrhundertealte religiöse Geschichte und mondänes Stadtleben wechseln einander ab.

DAS VIERTEL

Im Jüdischen Viertel (Josefov) finden sich die Überbleibsel des ehemaligen Jüdischen Ghettos. Hunderte Jahre haben Juden hier gewohnt, gearbeitet und studiert. 1850 bekam das Viertel nach Kaiser Joseph II. den Namen Josefstadt/Josefov. Er hatte das Viertel 1781 zu einem Stadtteil von Prag gemacht, das über dieselben Rechte wie die anderen Stadtbezirke verfügte.

Das Viertel entstand im 11. Jahrhundert, als die jüdischen Bewohner Prags gezwungen wurden, innerhalb der Mauern des Ghettos zu wohnen. Perioden relativer Freiheit und Unterdrückung wechselten einander ab. Das Viertel wurde immer voller: Mehr als 18 000 Menschen lebten in den dicht an dicht gebauten Häuschen. Ende des 19. Jahrhunderts wurde ein Großteil des Viertels abgerissen, um Platz zu machen für einen neuen Ortsteil, der nach Pariser Vorbild errichtet wurde. Und tatsächlich, die prächtigen Jugenstilbauwerke und die breiten, eleganten Boulevards wie die Pařížská verbreiten Pariser Flair.

Vom ehemaligen Ghetto sind sechs Synagogen, der Friedhof und das Rathaus übrig geblieben. Diese sind nun Teil des **Jüdischen Museums**. Im Zweiten Weltkrieg haben die Nazis diese Gebäude absichtlich verschont, sie planten, aus dem Viertel das Museum „einer ausgestorbenen Rasse" zu machen. Stattdessen ist das Viertel zu einer Gedenkstätte jahrhundertelanger Unterdrückung geworden.

Heute ist die Josefstadt ein trendiges, schickes Viertel. So haben rund um die **Dušni-Straße** die gerade angesagten Prager Designer ihre Läden, und die **Pařížská** ist die teuerste Einkaufsstraße der Stadt. Auch abends geht es hier lebendig zu. Du kannst in einer der hippen Kneipen etwas essen, abends in ein schickes Restaurant gehen oder einen Cocktail in einer der vielen Bars in der **Dlouhá-Straße** trinken.

WENIG ZEIT? DAS SIND DIE HIGHLIGHTS:
JÜDISCHES MUSEUM + RUDOLFINUM + SHOPPEN IN PAŘÍŽSKÁ + KING SOLOMON + METRONOM

TIPPS

// Für Freunde von Kirchen und Synagogen // Gut mit der Route Altstadt zu kombinieren// Samstags (Sabbat) ist das Jüdische Museum geschlossen

JÜDISCHES VIERTEL

1 Mistral Café
2 Coffee & Waffles
3 HANZU
4 Café Ebel
5 Maisel-Synagoge
6 Jüdisches Museum
7 Altneu-Synagoge
8 Klausen-Synagoge
9 Zeremonienhalle
10 Kunstgewerbemuseum
11 Museumsshop Modernista
12 Rudolfinum
13 Spaziergang an der Moldau
14 Ristorante Marina
15 Pinkas-Synagoge
16 Alter Jüdischer Friedhof
17 King Solomon
18 Ingredients
19 Jazzboat
20 Metronom
21 La Veranda
22 Spanische Synagoge
23 Nostress
24 Pekárna Nostress
25 Food Lab
26 Navarila
27 St.-Agnes-Kloster
28 La Degustation Bohême Bourgeoise
29 Lokál
30 Bokovka
31 Naše maso
32 Sisters
33 Pivní Lázně BBB
34 Beer Story
35 Au Gourmand

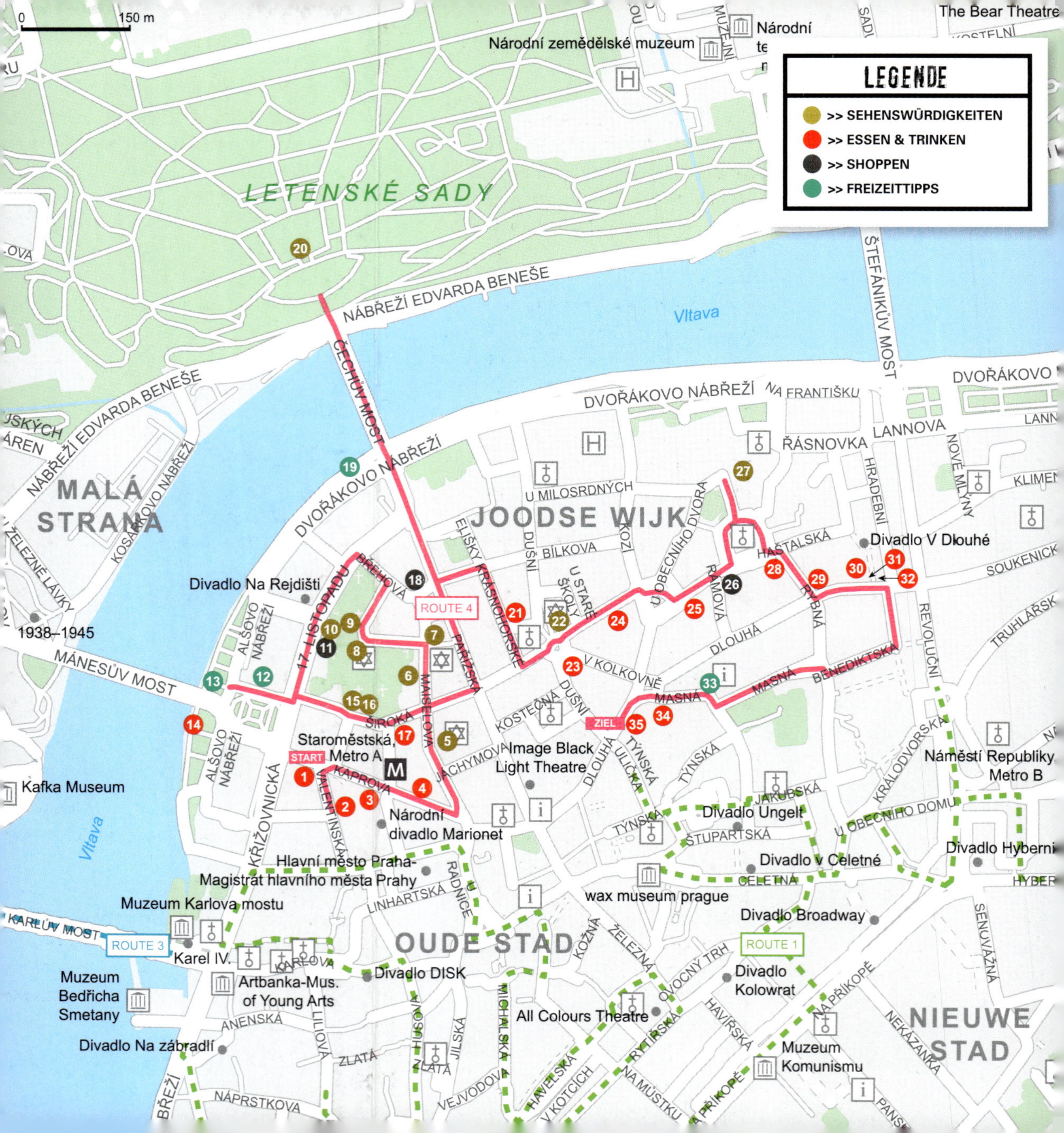

LEGENDE
>> SEHENSWÜRDIGKEITEN
>> ESSEN & TRINKEN
>> SHOPPEN
>> FREIZEITTIPPS
0
150 m
LETENSKÉ SADY
NÁBŘEŽÍ EDVARDA BENEŠE
Vltava
MALÁ STRANA
JOODSE WIJK
OUDE STAD
NIEUWE STAD
ČECHŮV MOST
MÁNESŮV MOST
KARLŮV MOST
ŠTEFÁNIKŮV MOST
DVOŘÁKOVO NÁBŘEŽÍ
ROUTE 1
ROUTE 3
ROUTE 4
START
ZIEL
Národní zemědělské muzeum
The Bear Theatre
Divadlo Na Rejdišti
1938–1945
Kafka Museum
Staroměstská, Metro A
Národní divadlo Marionet
Image Black Light Theatre
Divadlo V Dlouhé
Náměstí Republiky Metro B
Divadlo Ungelt
Divadlo v Celetné
Divadlo Hybernia
Hlavní město Praha-Magistrát hlavního města Prahy
Muzeum Karlova mostu
Karel IV.
wax museum prague
Divadlo Broadway
Artbanka-Mus. of Young Arts
Divadlo DISK
Muzeum Bedřicha Smetany
All Colours Theatre
Divadlo Kolowrat
Divadlo Na zábradlí
Muzeum Komunismu
ŘÁSNOVKA
LANNOVA
HAŠTALSKÁ
DLOUHÁ
MASNÁ
BENEDIKTSKÁ
PAŘÍŽSKÁ
MAISELOVA
ŠIROKÁ
KAPROVA
KŘIŽOVNICKÁ
CELETNÁ
REVOLUČNÍ
KRÁLODVORSKÁ
NA PŘÍKOPĚ
ŽELEZNÁ
MICHALSKÁ
KARLOVA
LINHARTSKÁ
NÁPRSTKOVA

BESCHREIBUNG ROUTE 4 (ca. 3,9 km)

Wähle diese Route möglichst nicht an einem Samstag, denn dann sind die jüdischen Bauwerke geschlossen. Wähle an der Metrostation Staroměstská den Ausgang Kaprova. Links, in der Valentinská, kannst du im Mistral Café 1 oder im Coffee & Waffles 2 frühstücken. Bieg rechts in die Kaprova-Straße. Reservier für heute Abend einen Tisch im HANZU 3 oder hol dir einen Kaffee für unterwegs 4. Am Ende der Straße gehst du links in die Maiselova-Straße, wo auch die Maisel-Synagoge 5 ist, und kaufst dir ein Ticket für das Jüdische Museum 6. Weiter geradeaus kommst du zur Altneu-Synagoge 7. Um dann zur Klausen-Synagoge 8 sowie zur Zeremonienhalle 9 zu gelangen, biegst du links ab in die U Starého Hřbitova. Geh zweimal links über die Břehová in die Straße 17. Listopadu. Besichtige das Kunstgewerbemuseum 10 11 und kauf dir eine Karte für ein Konzert 12. Unternimm einen schönen Spaziergang entlang der Moldau 13 oder geh auf einem Boot mittagessen 14. Spazier am Rudolfinum vorbei zurück und geh in die Široká. Hier befinden sich die Pinkas-Synagoge 15 und der Jüdische Friedhof 16. Verlasse den Friedhof nicht auf der gegenüberliegenden Seite, sondern geh wieder zurück und durch den Eingang. Folge dort der Straße und iss bei King Salomon 17 zu Mittag. Setz deinen Weg fort und bieg links in die vornehme Einkaufsstraße Pařižská Třida. Leiste dir einen exklusiven Duft 18 und setz deinen Weg fort, um dir einen Platz auf dem Jazzboat 19 zu reservieren und das Metronom zu bewundern 20. Kehr anschließend um und bieg links in die Bilkova. Nimm die Elišky Krásnohorské nach rechts, um dort ausgiebig zu Abend zu essen 21. Am Ende der Straße geht es links zur Spanischen Synagoge 22. Danach kannst du in einem der netten Restaurants 23 24 25 etwas essen. Kauf dir ein schönes Kleidungsstück von tschechischen Designern bei Navarila 26 und schlendere am Haštalské Náměstí vorbei an einer Kirche zum St.-Agnes-Kloster mit der Nationalgalerie 27. Lauf über den Platz zurück und halte dich am Ende links, um ein exklusives Abendessen 28 zu genießen, oder du setzt deinen Weg fort und biegst links ab in die Dlouhá-Straße, wo es ein paar nette Esslokale und eine Weinbar 29 30 31 32 gibt. Halte dich danach rechts und gleich wieder rechts, folge der Benediktská und der Masná und gönn dir ein Bierbad 33, eine Bierprobe bei Beer Story 34 oder ein französisches Gebäck bei Au Gourmand 35.

SEHENSWÜRDIGKEITEN

⑤ Die ursprüngliche **Maisel-Synagoge** (Maiselova Synagóga) wurde Ende des 16. Jahrhunderts als Gebetshaus für Bürgermeister Mordechai Maisel gebaut. Nachdem 1689 das gesamte Ghetto bei einem Brand schwer beschädigt worden war, errichtete man die Synagoge, wie man sie heute hier sehen kann. Innen gibt es eine Ausstellung über die Geschichte der Juden in Böhmen und Mähren vom 10. bis zum 18. Jahrhundert.
Maiselova 10, Zutritt mit Eintrittskarte Jüdisches Museum, Metro Staroměstská

⑥ Die meisten Sehenswürdigkeiten auf dieser Route sind Teil des **Jüdischen Museums**. Es wurde 1906 errichtet, um Platz für die wertvollen Gegenstände zu schaffen, die bei der Rekonstruktion des Viertels Ende des 19. Jahrhunderts herausgerissen worden waren. Die Sammlungen vermitteln ein gutes Bild von den Juden, die damals in dieser Region lebten. Tickets für alle Gedenkstätten des Museums bei der Zeremonienhalle (Obřadní Síň), der Pinkas-Synagoge (Pinkasova Synagóga) oder der Spanischen Synagoge (Španělská Synagóga).
Maiselova 15, www.jewish-museum.cz, Tel. 222317191, Apr.–Okt. So–Fr 9.00–18.00, Nov.–März So–Fr 9.00–16.30 Uhr, an jüdischen Feiertagen geschl. (siehe Website) Eintritt für alle Gedenkstätten 500 Kč (7 Tage gültig), nur Altneu-Synagoge 200 Kč, Metro Staroměstská

⑦ Die **Altneu-Synagoge** (Staronová Synagóga) wurde um 1270 erbaut und ist somit die älteste noch aktive Synagoge Europas. Ursprünglich hieß sie „Neue Synagoge", nach der Errichtung eines weiteren jüdischen Gotteshauses wurde der Name geändert. Bis heute finden hier Gottesdienste statt, Männer müssen daher beim Betreten eine Kopfbedeckung tragen. Kippas sind am Eingang der Synagoge erhältlich.
Červená 1, Zugang mit Eintrittskarte Jüdisches Museum, Metro Staroměstská

⑧ Die ursprüngliche **Klausen-Synagoge** (Klauzová Synagóga) fiel, so wie Hunderte anderer Häuser und zehn weitere Synagogen, 1689 dem Ghettobrand zum Opfer. 1694 wurde die heutige Synagoge errichtet, deren Aussehen an eine Barockkirche erinnert. In dieser Synagoge befindet sich Teil 1 der Ausstellung zu jüdischen Bräuchen und Traditionen. Es geht darin um die Rolle, die die

8

10

15

27

Synagoge im Alltag sowie an besonderen Tagen wie Geburt, Bar-Mizwa, Hochzeiten und Scheidungen spielt.
Starého Hřbitova 1, Zugang mit Ticket Jüdisches Museum, Metro Staroměstská

⑨ Die **Zeremonienhalle** (Obřadní Síň) wurde 1911 bis 1912 im Stil der Neoromantik erbaut und diente als Zeremonienhalle und Tarahaus (für die rituellen Waschungen vor Beerdigungen). Heute ist hier Teil II der Ausstellung zu jüdischen Bräuchen und Traditionen untergebracht, der sich mit Krankheit und Tod auseinandersetzt.
U Starého Hřbitova 3, Zugang mit Eintrittskarte Jüdisches Museum, Metro Staroměstská

⑩ Design von damals und heute ist im **Kunstgewerbemuseum** (Uměleckoprůmyslové museum) zu sehen. Neben der Dauerausstellung, die eine große Anzahl reich dekorierter Uhren und Glasgegenstände zeigt, gibt es auch beeindruckende temporäre Ausstellungen mit zeitgenössischen Designobjekten.
17. Listopadu 2, www.upm.cz, Tel. 778543901, Di 10.00–19.00, Mi–So 10.00–18.00 Uhr, Eintritt Museum inkl. temporäre Ausstellungen 120 Kč, nur temporäre Ausstellungen 80 Kč, Metro Saroměstská, Tram 17, 18 Staroměstská

⑮ Die **Pinkas-Synagoge** (Pinkasova Synagóga) aus dem Jahr 1535 wurde nach dem Zweiten Weltkrieg zu einer Gedenkstätte für tschechische Juden, die in Theresienstadt und anderen Konzentrationslagern ums Leben gekommen sind. In der oberen Etage gibt es eine Ausstellung mit Zeichnungen von Kindern aus Theresienstadt. Berührend und schockierend zugleich.
Široká 3, Zugang mit Eintrittskarte Jüdisches Museum, Metro Staroměstská

⑯ Auf dem **Alten Jüdischen Friedhof** aus dem 15. Jahrhundert stehen 12 000 Grabsteine. Der älteste ist der von Avigdor Karo (1439), der neueste von Moses Beck (1787). Aus Gründen des Platzmangels wurden die Toten in mehreren Schichten übereinander begraben. Ein Ort, den man so schnell nicht vergisst!
Široká 3, Zugang mit Eintrittskarte Jüdisches Museum, Metro Staroměstská

⑳ 1955 wurde nach fünfeinhalb Jahren Bauzeit das größte Stalindenkmal der Welt auf einem Hügel oberhalb Prags enthüllt. Es hat hier nur kurz gestanden,

schon sieben Jahre später wurde es gesprengt. Nun tickt hier auf dem ehemaligen Fundament ein riesiges **Metronom** zur Erinnerung an die Vergangenheit.
Letenské Sady, Tram 5, 17 Čechův Most

(22) Die **Spanische Synagoge** (Španělská Synagóga) wurde 1868 im maurischen Stil erbaut. Mit ihren Stuckarabesken erinnert sie an die Alhambra in Spanien, von daher der Name. Innen gibt es eine Ausstellung über die Geschichte der jüdischen Gemeinschaft in Tschechien, von der Periode der Aufklärung und Emanzipation bis heute. Sie knüpft an die Ausstellung in der Maisel-Synagoge an.
Vězeňská 1, Tel. 222749211, Zugang mit Eintrittskarte Jüdisches Museum, Metro Staroměstská

(27) Das **St.-Agnes-Kloster** (Klašter Sv. Anežky Česke) wurde 1234 von König Wenzel I. für die Nonnen des Klarissenordens gestiftet. Seine Schwester Agnes war die erste Äbtissin. Wegen der Säkularisation stand es seit 1782 leer, erst in den 60er-Jahren wurde es aufwendig restauriert. Heute hat hier ein Teil der Nationalgalerie seinen Sitz. Neben Dauerausstellungen mittelalterlicher Kunst aus Böhmen und Mitteleuropa werden auch häufig wechselnde Ausstellungen gezeigt.
U Milosrdných 17, www.ngprague.cz, Tel. 224810628, Di–So 10.00–18.00 Uhr, Eintritt 300 Kč, Metro Náměstí Republiky, Staroměstská, Tram 5, 8, 14 Dlouhá Třida

ESSEN & TRINKEN

(1) Ein Frühstück im **Mistral Café** ist der perfekte Start in den Tag. Denn dieses moderne Café mit vielen Pflanzen hat eine verlockende Frühstückskarte. Vielleicht Pfannkuchen mit Marmelade und Schokostückchen, eine Brioche oder Joghurt mit Cornflakes und frischen Früchten?
Valentinská 11, www.mistralcafe.cz, Tel. 222317737, Mo–Fr 8.00–23.00, Sa/So 9.00–23.00 Uhr, Preis Frühstück 100 Kč, Abendessen 200 Kč, Metro Staroměstská

(2) Bei **Coffee & Waffles** kann man den ganzen Tag ausgiebig Waffeln frühstücken. Auf der Speisekarte stehen neben Frühstückswaffeln die ausgefallensten Kreationen: Was hältst du von einer Waffel mit Shakshuka und Hummus oder mit Rosenkohl, Speck, Käse und Senf? Oder magst du es lieber süß? Vielleicht

eine Waffel mit karamelisierten Bananen oder Strudel. Sämtliche Kreationen gibt es auch in einer glutenfreien Variante.

Valentinská 6, fb coffeeandwafflescz, Tel. 725827727, tgl. 8.00–20.00 Uhr, Preis 150 Kč, Metro Staroměstská, Tram 2, 12, 15, 17, 18 Staroměstská

③ Das **HANZU** ist ein kleines asiatisches Fusion-Bistro von Weltklasse mit tollem Ambiente. Auf der Speisekarte stehen ausgefeilte Gerichte aus Südostasien und Japan, die höchst kunstvoll angerichtet werden. Beliebt sind die Chicken Wings mit gedämpften und frittierten Dim-Sum. Gönn dir zum Abschluss einen Cappuccino oder japanische Mochi. Das Interieur ist mit den hohen Weinregalen, den blauen Fensterrahmen und Vitrinen, den aparten hölzernen Lampenschirmen elegant und gemütlich zugleich.

Kaprova 10, hanzu.kitchen/#top, Tel. 227777770, tgl. 11.30–22.00 Uhr, Preis 300 Kč, Metro Staroměstská, Tram 2, 12, 15, 17, 18 Staroměstská

④ Lust auf Kaffee? Dann folge den Einheimischen ins **Café Ebel**. Ebel ist eine der ältesten Kaffeemarken Tschechiens. Hier wird der beste Kaffee (to go) des

Coffee & Waffles

historischen Zentrums ausgeschenkt. Du kannst hier auch leckere Souvenirs kaufen wie zum Beispiel Kaffee, Kakao oder Schokolade. Glanzstück im Sortiment sind die exklusiv für Ebel entworfenen Kaffeetassen.

Kaprova 11, www.ebelcoffee.com, Tel. 604265125, Mo–Fr 8.30–18.00 und Sa/So 10.00–18.00 Uhr, Preis Tasse Kaffee 75 Kč, Metro Staroměstská, Tram 2, 12, 15, 17, 18 Staroměstská

(14) Sehr gut italienisch essen lässt es sich im **Ristorante Marina**. Im Sommer sitzt man obendrein wunderbar draußen an Deck dieses Boots. Genieß die Aussicht auf den Fluss und die Burg und lass dir die leckeren Pizzen, Risottos oder Pastas schmecken.

Alšovo Nábřeží, marinaristorante.cz, Tel. 222316744, tgl. 12.00–22.00 Uhr, Preis 350 Kč, Metro Staroměstská, Tram 2, 12, 15, 17, 18 Staroměstská

(17) Im Herzen des Jüdischen Viertels liegt das älteste koschere Restaurant der Stadt: **King Solomon**. Nimm Platz im Wintergarten oder im schönen Innenraum mit den gotischen Gewölben. Auf der Karte stehen koschere Speisen mit Lamm, Ente und Wild.

Široká 8, www.kosher.cz, Tel. 224818752, So–Do 12.00–22.30 Uhr, Fr & Sa nur mit Reservierung, Preis 600 Kč, Metro Staroměstská

(21) Chefkoch Radek David vom **La Veranda** hat schon einige Preise gewonnen, darunter die des tschechischen „Koch des Jahres". Die an die Jahreszeiten angepassten Menüs werden mit Zutaten von kleinen tschechischen Bauernhöfen zubereitet. Die obere Etage ist sehr offen gestaltet, während die Atmosphäre unten mit der Weinbar und den gemütlichen Ecken intimer wirkt.

Elišky Krásnohorské 2, www.laveranda.cz, Tel. 224814733, Mo–Sa 12.00–17.00 & 17.30–23.00 Uhr, Preis 500 Kč, Metro Staroměstská

(23) **Nostress** ist Galerie und Restaurant in einem. In diesem stilvollen, gehobenen Restaurant genießt man italienische, französische und thailändische Spezialitäten. Nimm Platz an einem der Tische unter einem (echten!) Olivenbaum oder an einem der Fenster, die eine fantastische Aussicht auf das Viertel bieten.

Dušni 10 (Eingang in V Lolkovně 9), www.nostress.cz, Tel. 222317007, Mo–Fr 8.30–0.00, Sa 10.00–0.00, So 10.00–23.00 Uhr, Preis 350 Kč, Metro Staroměstská

(24) **Pekárna Nostress** ist eine gemütliche, moderne Bäckerei, in der man den ganzen Tag über frisches, handgemachtes Brot bekommt. Setz dich an einen Tisch und bestell dir eines der großzügig belegten Sandwiches oder hübschen Törtchen zu einem Cappuccino und nimm ein paar warme Croissants mit für unterwegs. Eine nette Adresse, um einen Moment zu verschnaufen, mit glitzernden Kronleuchtern an der Decke und Metrofliesen an den Wänden.
Vězeňská 8, pekarnanostress.cz, Tel. 241431348, Mo–Sa 8.00–19.00, So 9.00–18.00 Uhr, Preis Sandwich mit Suppe 200 Kč, Metro Staroměstská oder Tram 6, 8, 15, 26 Dlouhá Třída

(25) Das **Food Lab** ist ein lebendiges Restaurant, wo Foodies so richtig in ihrem Element sind. Die Qualität der Speisen steht hier an oberster Stelle. Die Gerichte kitzeln den Gaumen und lassen sich hervorragend mit den Tischgenossen teilen, etwa die *Corzetti*, zu Münzen geformte Pasta mit grünem Curry und Garnelen. Ob zum Frühstück, Mittag- oder Abendessen – hier is(s)t man immer richtig!
Haštalská 4, www.food-lab.cz, Tel. 257310713, Mo–Fr 8.00–22.00, Sa/So 10.00–22.00 Uhr, Preis 300 Kč, Tram 6, 8, 15, 26 Dlouhá Třída

(28) Etwas zu feiern? Das Spitzenrestaurant **La Degustation Bohème Bourgeoise** serviert ein täglich wechselndes Menü aus sieben Gängen und sieben Amuse-Gueules. Sämtliche Gerichte werden von Küchenchef Oldřich Sahajdák mit Sorgfalt aus biologisch angebauten Produkten zubereitet. Fällt das komplette Menü etwas zu teuer aus? Man kann hier auch einfach nur zu Mittag essen oder um 18.00 oder 22.00 Uhr das Vier-Gänge-Menü Pre-Théâtre wählen.
Haštalská 18, www.ladegustation.cz, Tel. 222311234, tgl. 18.00–0.00 Uhr, Preis Verkostung 2500 Kč, Metro Náměsti Republiky

(29) Das **Lokál** ist eines der angesagtesten tschechischen Restaurants der Stadt und bei den Locals sehr beliebt. Alles an der nüchternen Einrichtung, wie etwa die Holzvertäfelungen mit eingeritzten Parolen, erinnert an die kommunistische Zeit. Hier gibt es die tschechischen Klassiker wie in Butter gebratene Schnitzel, Prager Schinken und Backkäse mit Remoulade *at its best*. Neben ein paar festen Gerichten gibt es jeden Tag eine wechselnde Karte. Reservieren lohnt sich.
Dlouhá 33, lokal-dlouha.ambi.cz, Tel. 222316265, Mo–Sa 11.00–1.00 & So 11.00–0.00 Uhr, Preis 200 Kč, Metro Náměsti Republiky

4

30
ČTVRTĚ
2019
BOKOVKA

24
YUZU TEA
60,-
BREAD
freshly from
our oven
Chléb
Bread
80,-
½ 45,-
Bageta
Baguette
39,-
DOBRY

24
DOBRY DE

(30) Hier, auf diesem verfallenen und vergessenen Innenhof in der Dlouhá-Straße, würde man sie wohl kaum vermuten: die exklusive Weinbar **Bokovka**. Die unverputzten Mauern, das Dachgewölbe und der Duft von Käse geben einem das Gefühl, in einem Weinkeller gelandet zu sein. Du kannst hier beste tschechische wie internationale Weine kosten, begleitet von herrlichem Käse, handgefertigtem Brot und, sehr tschechisch, Grillwürstchen.

Dlouhá 37, bokovka.com, Tel. 731492046, Mo–Sa 15.00–01.00 Uhr, Preis Karaffe tschechischer Wein ab 590 Kč, Metro Náměstí Republiky, Tram 5, 26 Dlouhá Třída

(31) **Naše maso** zählt zu den Top-Metzgereien Prags. Hier isst man die besten Pulled-Pork-Sandwiches und Hamburger der Stadt. Von Montag bis Mittwoch wird zudem noch ein Mehr-Gänge-Menü für ein paar wenige Gäste serviert. Um das zu ermöglichen, wird der einzige Tisch in der Metzgerei, der tagsüber an der Decke hängt, herabgelassen. Reservieren ist Pflicht.

Dlouhá 39, www.nasemaso.cz, Tel. 222311378, Mo–Do 10.00–19.00, Fr–Sa 9.00–19.00 Uhr, Preis 300 Kč, Tram 6, 8, 15, 26 Dlouhá Třída

(32) Bei **Sisters** stehen moderne Interpretationen des tschechischen *Chlekbicky* auf der Speisekarte. *Chlebecky* sind appetitlich belegte Brote, die vor allem abends gegessen werden, sich aber auch gut als Snack zwischendurch eignen. Bei Sisters wird der traditionelle Belag wie Schinken, Ei und Essiggurke beispielsweise durch Lachs mit Erbsenpüree oder Ziegenkäse mit roter Bete ersetzt. Ein bei Einheimischen beliebter Laden, den man nicht verpassen sollte.
Dlouhá 39, www.sistersbistro.cz, Tel. 775991975, Mo–Fr 8.00–20.00, Sa/So 9.00–20.00 Uhr, Preis 100 Kč, Tram 6, 8, 15, 26 Dlouhá Třída

(34) In der geselligen, jungen und angesagten Bierstube **Beer Story** kannst du tschechisches Bier und Essen kennenlernen. Bestell dir ein Prager Staropramen vom Fass oder eines der Biere aus den tschechischen Mikrobrauereien. Zur Auswahl steht auch eine Verkostung aus sechs Bieren, darunter Černá Barbora, ein dunkles Bier, oder ein Granát 13, ein halbdunkles Bier von dunkelroter Farbe. Dazu passt ein typisch tschechischer Snack wie zum Beispiel in Bier marinierte Würstchen.
Dlouhá 14, beerstory18.webnode.cz, Tel. 739935655, Di–Sa 16.00–10.00 Uhr, Preis 400 Kč, Metro Malostranska Staroměstská oder Tram 6, 8, 15, 26 Dlouhá Třída

(35) In der stilvollen französischen Patisserie **Au Gourmand** gibt es das beste Gebäck der Stadt. Schon beim ersten Bissen in eines der krossen Croissants oder Millefeuilles wähnst du dich für einen Moment in Paris. Nicht nur das Gebäck ist optisch eine Wucht, sondern auch die charmante Einrichtung, die ein wenig an einen Ballsaal erinnert. Außer Gebäck bekommt man hier auch frisch belegte Baguettes. Bei schönem Wetter kann man draußen im Garten sitzen.
Dlouhá 10, augourmand.cz, Tel. 602305181, Mo–Fr 8.00–19.00, Sa/So 8.30–19.00 Uhr, Preis 350 Kč, Metro Malostranska Staroměstská oder Tram 6, 8, 15, 26 Dlouhá Třída

SHOPPEN

(11) Der Shop des **Kunstgewerbemuseums** gehört zu den beliebten Läden der Marke **Modernista**. In diesem wundervollen Geschäft herumzustöbern, ist ein Genuss. Hier findet man alles: von Plakaten, Geschenkpapier oder Notizbüchern bis zu Repliken von Museumsexponaten wie Porzellan, Glaskunst und

Spielwaren. Oder du entscheidest dich für einen schönen Kunstbildband als Andenken. Hier gehst du sicher nicht mit leeren Händen raus.
17. Listopadu 2, www.upm.cz/en/contact-us/museum-shop, Tel. 725428437, Di–So 13.00–18.00 Uhr, Metro Staroměstská, Tram 2, 12, 15, 17, 18 Staroměstská

(18) Bei der minimalistisch modern eingerichteten Parfumerie **Ingredients** bekommt man unkonventionelle Marken aus der ganzen Welt wie Le Labo aus New York oder das französische Martiere Premiere. Die Parfums enthalten außergewöhnliche Extrakte, die von den meisten anderen Parfumherstellern nicht mehr verwendet werden. Neben exklusiven Parfums werden Duftkerzen, natürliche Pflegeprodukte und andere Kosmetika angeboten.
Maiselova 21, www.ingredients-store.com, Tel. 211150159, Mo–Fr 11.00–19.00, Sa 11.00–18.00 Uhr, Metro Staroměstská oder Tram 17, Právnická Fakulta

(26) **Navarila** ist der Laden der renommierten Designerin Martina Nevařilova, die sich auch in New York schon einen Namen gemacht hat. Sie entwirft in ihrem eigenen, unverkennbaren Stil komfortable und bezahlbare Strickkleidung. Gleichwohl bestehen ihre bunten Kollektionen nicht nur aus Pullovern, sondern auch aus Kleidern, Röcken oder Schals. Marinas Stücke sind eine zeitlose Ergänzung deiner Garderobe, an denen du sicherlich jahrelang Gefallen finden wirst.
Haštalská 8, Navarila.com/en, Tel. 271742091, Mo–Fr 10.00–18.00, Sa 10.00–15.00 Uhr, Tram 6, 8, 15, 26 Dlouhá Třída

FREIZEITTIPPS

(12) Der Dvořák Saal im **Rudolfinum**, das seit 1946 die Tschechischen Symphoniker beherbergt, gehört ganz sicher zu den Orten, wo es sich am besten einem klassischen Konzert zuhören lässt. Das Rudolfinum wurde 1876 bis 1884 im Stil der Neorenaissance erbaut. Von 1918 bis 1939 sowie von 1945 bis 1946 war es Sitz des tschechoslowakischen Parlaments.
Alšovo nábreži 12, www.ceskafilharmonie.cz, Tel. 227059227, Kasse tgl. Sept.–Juni 10.00–18.00, Juli–Aug. 10.00–15.00 Uhr und 1 Stunde vor Vorstellungsbeginn (an Feiertagen und am Wochenende 2 Stunden), Metro Staroměstská

18

26

12

⑬ Einen Besuch des Rudolfinums kannst du wunderbar mit einem **Spaziergang an der Moldau** verbinden. Wenn du von hier ein Stück flussaufwärts gehst, kannst du wunderschön auf die Prager Burg, Malá Strana und die allzeit sehr belebte Karlsbrücke schauen. Oder du nimmst auf einer der Bänke Platz, um dich ein wenig auszuruhen und dabei den schönen Ausblick zu genießen.
Alšovo Nábreži, Metro Staromestská

⑲ Buch eine Fahrt auf dem **Jazzboat** und genieß das Panorama der magisch beleuchteten Stadt, während du guten Jazz oder Blues hörst. Auf der Fahrt werden Getränke und ein Drei-Gänge-Menü angeboten. Täglich treten hier andere Künstler auf. Einen kleinen Vorgeschmack findest du auf der Homepage.
Nástupište 5 (Gate 5), bei Cechuv Most, www.jazzboat.cz, Tel. 731183180, Boarding ab 20.00, Abfahrt 20.30 Uhr, Dauer 2,5 Stunden, Preis nur Ticket 690 Kč, Ticket inkl. Abendessen 1100 Kč, Metro Staromestská, Tram 17 Právnická Fakulta

㉝ Wie wär's mit etwas Entspannung nach einem anstrengenden Tag in Prag? Verwöhn dich mit einem Bierbad bei **Pivní Lázně BBB!** Zunächst tauchst du ein in ein Massagebad in einem Holzbottich. Dem Badewasser werden Kräuter, Hefeextrakt und Hopfen zugefügt, „für optimale Entspannung und seidenglatte Haut". An dem direkt daneben befindlichen Zapfhahn kannst du dich nach Herzenslust mit Bier bedienen. Danach noch eine Weile auf einem Strohlager ausruhen, um schließlich erquickt wieder nach draußen zu gehen.
Masná 5, www.pivnilaznebbbpraha.cz, Tel. 222762620, Preis 1 Person 1900 Kč, 2 Personen 2500 Kč, Metro Námesti Republiky

ROUTE 5

VYŠEHRAD & PRAGER NEUSTADT

INFOS ZUR ROUTE

Dieser Spaziergang führt dich von der historischen Festung Vyšehrad entlang der Moldau und durch das moderne Stadtzentrum zum Wenzelsplatz, dem klopfenden Herzen Prags. Auf der Route kommst du an netten Restaurants, Cafés und nostalgischen Einkaufspassagen wie dem Palác Lucerna vorbei. Man kann die Route auch andersherum laufen. Startpunkt ist dann die Metrostation Muzeum.

DIE VIERTEL

Die Festung Vyšehrad ist eine grüne Burg, die auf einem Felsen hoch über der Moldau tront. Schon von der Stadt aus kannst du sie an den beiden neugotischen Turmspitzen der **Basilika St. Peter und Paul** erkennen. Sie gilt als mythischer Geburtsort Prags. Der Legende nach erbaute Fürst Krok hier im 7. Jahrhundert ein Schloss und prophezeite der klügsten seiner drei Töchter, Libuše, dass sich hier einmal eine große Stadt erheben werde. Später wurde Vyšehrad zum Ausgangspunkt der Krönungsroute. Jeder neue König verbrachte die Nacht auf Vyšehrad und wurde dann, vorbei am Pulverturm und über die Karlsbrücke, zur Prager Burg gefahren, wo er schließlich im Veitsdom gekrönt wurde.

Die Prager Neustadt (Nové Mesto) ist der modernste Teil der Altstadt. Dieses Viertel wurde 1348 errichtet, um das historische Herz der Stadt zu entlasten. Es war das größte Städteplanungsprojekt des Mittelalters, und der **Karlovo Náměstí** galt lange Zeit als größter Platz Europas. Hier spürst du den Flair vergangener Zeiten und findest zugleich charmante Spezialgeschäfte, Cafés und Kinos.

Der **Wenzelsplatz**, das Herz des Viertels, reicht vom **Nationalmuseum** bis in die Altstadt. Im Mittelalter wurden hier Pferdemärkte abgehalten. In der jüngeren Geschichte war er Schauplatz von einigen entscheidenden politischen Ereignissen. 1969 setzte sich der Student Jan Palach hier in Brand, um gegen die Besetzung durch die Truppen des Warschauer Pakts zu demonstrieren, und 1989 brach hier die Samtene Revolution los, die zum Ende des Kommunismus führte. Bis heute kommen die Menschen hierher, um zu demonstrieren.

Von den Stufen des Nationalmuseums hat man einen guten Blick auf den Platz, der die verschiedensten Architekturstile in sich vereint. Du siehst neugotische Giebel und Gebäude im Jugendstil, aber auch das funktionalistische Ladengebäude des Bat'a-Schuhimperiums.

WENIG ZEIT? DAS SIND DIE HIGHLIGHTS:
KASEMATTEN VON VYŠEHRAD + BASILIKA ST. PETER UND PAUL + KAVÁRNA SLAVIA + PALÁC LUCERNA + WENZELSPLATZ

TIPPS
// Du kannst die Route auch andersherum laufen // Samstagvormittag gibt es am Fluss einen gemütlichen Bauernmarkt // Nicht versäumen: Palác Lucerna

Best tips ever!

VYŠEHRAD & PRAGER NEUSTADT

1. Fine Café
2. Vyšehrad
3. Hospůdka na hradbách
4. Vyšehrad Galerie
5. Basilika St. Peter und Paul
6. Vyšehrader Friedhof
7. Ziegeltor/Kasematten/ Görlitz-Halle
8. Kavárna Čekárna
9. Cantina Nábřeží
10. Tanzendes Haus
11. St.-Cyrill-und-Method-Kirche
12. The Real Meat Society
13. CZECHDESIGN Shop
14. Gran Fierro
15. Globe Bookstore & Café
16. Slovanský Ostrov
17. Dyzajnoff
18. Pivovar Národní
19. Laterna Magika
20. Nationaltheater
21. Kavárna Slavia
22. Café Louvre
23. Kopf von Franz Kafka
24. Karlovo Náměstí
25. Neustädter Rathaus
26. Mamacoffee
27. Head Shot Coffee
28. Františkánská Zahrada
29. Palác Lucerna
30. CVRK
31. Kino Světozor
32. Kantýna
33. Banh-mi-ba
34. Mucha Museum
35. Wenzelsplatz
36. Nationalmuseum
37. PragerbStaatsoper

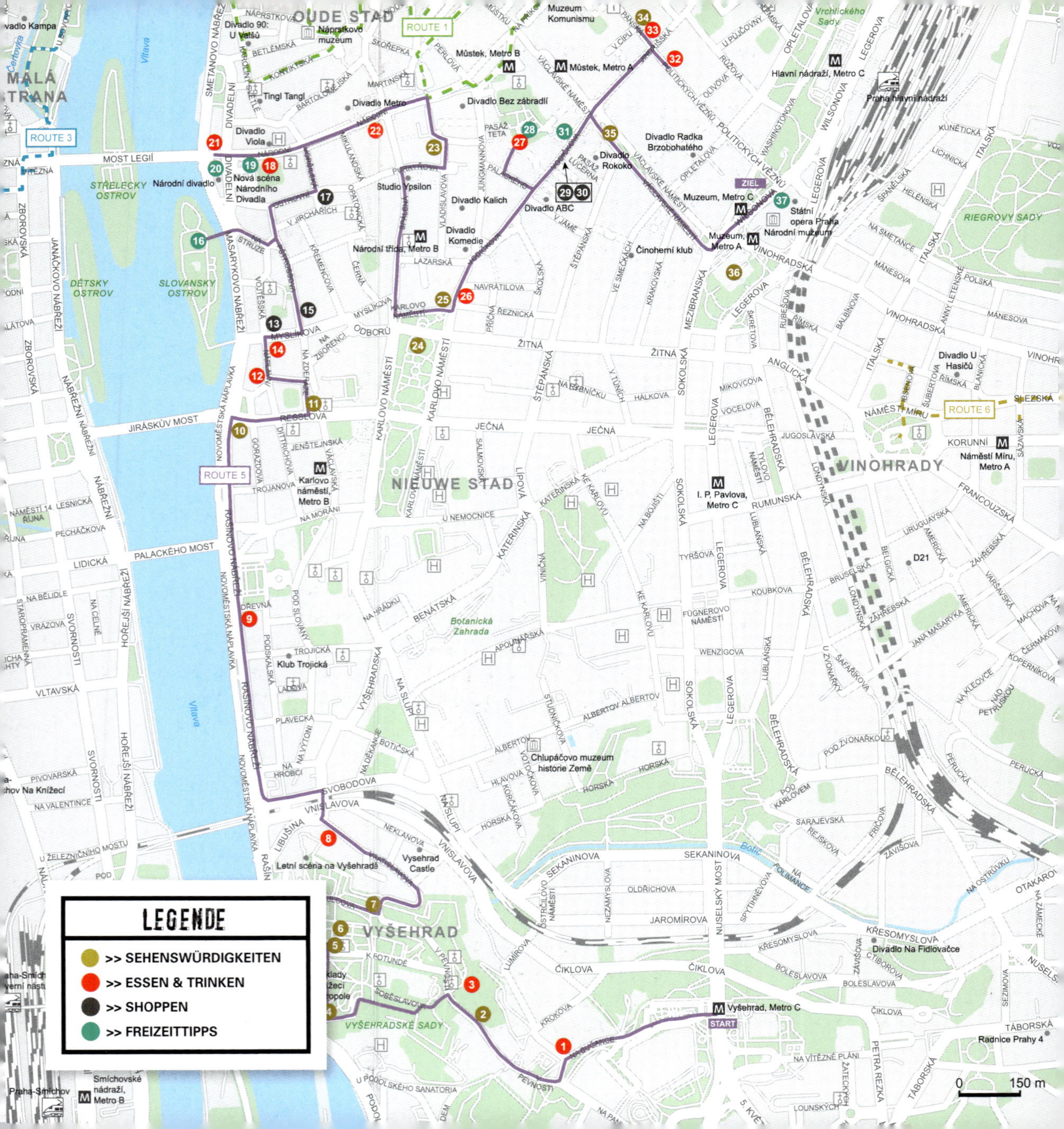

OUDE STAD
MALÁ STRANA
NIEUWE STAD
VINOHRADY
VYŠEHRAD
ROUTE 1
ROUTE 3
ROUTE 5
ROUTE 6
START
ZIEL
Vltava
Divadlo Kampa
Divadlo 90: U Valšů
Náprstkovo muzeum
Muzeum Komunismu
Můstek, Metro B
Můstek, Metro A
Hlavní nádraží, Metro C
Praha hlavní nádraží
Tingl Tangl
Divadlo Metro
Divadlo Bez zábradlí
Divadlo Viola
Divadlo Radka Brzobohatého
Divadlo Rokoko
MOST LEGIÍ
Nová scéna Národního Divadla
Národní divadlo
Studio Ypsilon
Divadlo Kalich
Divadlo ABC
Muzeum, Metro C
Státní opera Praha
Národní muzeum
Muzeum, Metro A
Činoherní klub
Divadlo Komedie
Národní třída, Metro B
STŘELECKÝ OSTROV
DĚTSKÝ OSTROV
SLOVANSKÝ OSTROV
RIEGROVY SADY
Vrchlického Sady
Divadlo U Hasičů
Náměstí Míru, Metro A
JIRÁSKŮV MOST
Karlovo náměstí, Metro B
I. P. Pavlova, Metro C
PALACKÉHO MOST
D21
Botanická Zahrada
Klub Trojická
Chlupáčovo muzeum historie Země
Letní scéna na Vyšehradě
Vysehrad Castle
VYŠEHRADSKÉ SADY
Vyšehrad, Metro C
Divadlo Na Fidlovačce
Radnice Prahy 4
Smíchovské nádraží, Metro B
Praha-Smíchov
0 150 m
LEGENDE
>> SEHENSWÜRDIGKEITEN
>> ESSEN & TRINKEN
>> SHOPPEN
>> FREIZEITTIPPS

BESCHREIBUNG ROUTE 5 (ca. 8,6 km)

Start ist an der Metrostation Vyšehrad. Dort läufst du rechts die Treppen hinunter, biegst links in den Park ab und folgst den Schildern nach Vyšehrad. Bestell dir im Fine Café 1 ein Frühstück und nimm den Weg durch das Tábor-Tor in die Festung 2. Dabei passierst du das Leopoldstor und die Rotunde St. Martin. Bestell dir ein Bier im Biergarten Hospůdka na Hradbách 3. Nun geht es wieder ein Stück zurück, vorbei an der Rotunde und hinauf auf die Festungsmauer. An deren Ende befindet sich ein Aussichtspunkt. Bieg danach rechts ab und wirf einen Blick in die Galerie 4. Schlendere durch den Park zur Basilika St. Peter und Paul 5 und zum Friedhof 6. Diesen verlässt du über dieselbe Pforte, durch die du gekommen bist, läufst dann nach rechts und weiter geradeaus. Erkunde den Park und die Festungsmauern oder lauf den Hügel rechts hinunter und verlass die Festung über das Ziegeltor und die Görlitz-Halle 7. Folge der Vratislavova-Straße, an deren Ende du Kaffee trinken kannst 8. Setz deinen Weg fort, unter den Gleisen durch und dann nach links in Richtung Fluss. An der Moldau biegst du rechts ab, läufst über die Treppen hinunter ans Ufer oder bleibst auf Höhe der Straße. Folge dem Fluss zum Palackého Náměstí. In der Cantina Nábřeží 9 kannst du etwas essen. Lauf weiter bis zum Tanzenden Haus 10, bieg rechts ab in die Resslova und besichtige eine Kirche 11 mit großer Geschichte. An der Zahořanského vorbei gelangst du zu The Real Meat Society 12, gehst shoppen 13 und reservierst für den Abend bei Gran Fierro 14. Kauf dir ein Buch 15, lass dich auf der Slovanský Ostrov 16 ordentlich durchpusten und stöbere im Dyzajnoff 17. Bieg links ab in die Národní Třída 18 und löse ein Ticket für die Laterna Magika 19. Laufe weiter bis zum Nationaltheater 20 und trink etwas im geschichtsträchtigen Kavárna Slavia 21. Kehr um über die Národní Třída und gönn dir ein Mittagessen 22. Folge anschließend dem Straßenverlauf, bieg dann rechts über einen Durchgang zur Charvátova ab, wo du den sich drehenden Kopf Franz Kafkas bewundern kannst 23. Ein Stückchen weiter biegst du erst rechts, dann links ab in die Spálená. Am Karlovo Náměstí 24 hältst du dich links und gleich wieder links 25 und trinkst einen Kaffee bei Mamacoffee 26 oder bei Head Shot Coffee 27 28. Erkunde eine der Einkaufspassagen der Stadt 29 30 und sieh auf der gegenüberliegenden Seite nach, welche Filme auf dem Programm stehen 31. Ein Stückchen weiter kannst du etwas essen 32 33 oder ein Museum besuchen 34, oder du gehst gleich rechts zum Wenzelsplatz 35. Dort findest du das Nationalmuseum 36 und die Oper 37.

SEHENSWÜRDIGKEITEN

② Die Festung **Vyšehrad** gilt als mythischer Geburtsort Prags. Es ist eine malerische Burg auf einem Felsen hoch über der Moldau mit viel Grün drumherum und einer Geschichte, die bis Mitte des 10. Jahrhunderts zurückreicht. Du betrittst die Festung durch das Tábor-Tor, die einst dazu diente, den südöstlichen Teil der Burg zu bewachen. Andere Sehenswürdigkeiten sind die St.-Martins-Rotunde, die St.-Laurentius-Basilika aus dem 11. Jahrhundert und die Teufelssäulen, die der Legende nach vom Teufel persönlich nach Prag gebracht worden sein sollen, nachdem er eine Wette gegen einige örtliche Priester verloren hatte.

V Pevnosti 5b, www.praha-vysehrad.cz, Tel. 241410348, tgl. 10.00–18.00 Uhr, Metro Vyšehrad, Tram 7, 8, 24 Albertov, Tram 3, 7, 17, 16 Výtoň

④ Das Gebäude, in dem sich heute die **Vyšehrad Galerie** befindet, ist das Überbleibsel eines mittelalterlichen Wachturms. In der Galerie werden wechselnde Ausstellungen von überwiegend tschechischen Künstlern gezeigt.

K Rotundě, www.praha-vysehrad.cz, Tel. 241410348, tgl. Apr.–Okt. 9.30–18.00, Nov.–März 9.30–17.00 Uhr, Eintritt 20 Kč, Metro Vyšehrad

⑤ Die imposante **Basilika St. Peter und Paul** (Chrám Sv. Petra a Pavla) wurde um 1070 gegründet und seitdem mehrmals umgebaut. Die spitzen Türme, die so charakteristisch für das Stadtbild Vyšehrads sind, wurden 1903 ergänzt. Das Interieur besteht aus farbenprächtigen Jugendstil-Fresken, gemalt von verschiedenen tschechischen Künstlern. In der vierten Kapelle des rechten Seitenschiffs befindet sich die „Regenmadonna", Urheber soll der Heilige Lucas sein. In Zeiten von Trockenheit kamen die Einwohner Prags zu diesem Gemäde, um für Regen zu beten. Es gibt auch Grabmäler von Mitgliedern der alten königlichen Familie.

K Rotundě 10, www.kkvys.cz, Tel. 224911353, Mo–Sa 10.00–17.00, So 10.30–17.00 Uhr, Eintritt 50 Kč, Metro Vyšehrad

⑥ Der **Vyšehrader Friedhof** (Vyšehradský hřbitov) ist seit dem 19. Jahrhundert eine nationale Gedenkstätte für berühmte Persönlichkeiten der tschechischen Geschichte. Viele Grabsteine sind wahre Kunstwerke, und so ist ein Spaziergang über den Friedhof auch eine beeindruckende Erfahrung. Familiengräber erkennst du am Wort *Rodina*. Für die wahren Helden wurde ein Pantheon (Slavín) gebaut,

10

Don't miss the highlights!

5

36

23
POLPO

eine Art Hall of Fame. Darin befinden sich die Grabstätten des Malers Alfons Mucka, des Bildhauers Josef Myslbek und des Architekten Josef Gočár. Auch der Komponist Antonín Dvořák sowie der Schriftsteller Jan Neruda liegen auf dem Friedhof. Am Eingang hängt ein Übersichtsplan zu den „bedeutendsten" Gräbern.
K Rotundě 10, www.praha-vysehrad.cz, tgl. Nov.–Feb. 8.00–17.00, Okt. & März/April 8.00–18.00, Mai–Sept. 8.00–19.00 Uhr, Metro Vyšehrad

(7) Durch das **Ziegeltor** (Cihelná Braná) aus dem 19. Jahrhundert gelangt man in die unterirdischen **Kasematten**. In diesen Räumen wird eine Ausstellung über die Geschichte der Prager Befestigungen gezeigt. Stündlich finden geführte Besichtigungen statt, in deren Rahmen man auch in die unterirdische, geheime **Görlitz-Halle** gelangt. Diese diente im Zweiten Weltkrieg als verstecktes Lager für Kartoffeln. Seit 1992 stehen hier sechs Originalskulpturen von der Karlsbrücke.
Vratislavova, www.praha-vysehrad.cz, Tel. 241410348, tgl. Apr.–Okt. 9.30–18.00, Nov.–März 9.30–17.00 Uhr, Eintritt 60 Kč, Metro Vyšehrad

(10) Das **Tanzende Haus** (Tančící Dům) ist eines der auffälligsten postmodernen Gebäude der Stadt. Der Entwurf des „swingenden" Bürogebäudes von 1996 stammt von Frank Gehry, dem Architekten des berühmten Guggenheim Museums in Bilbao. Das Bauwerk wurde häufig mit dem tanzenden Filmpaar Fred Astair und Ginger Rogers verglichen. Die in Glas gehüllte „Frau" scheint sich nämlich an der „Brust" des „männlichen" Turms festzuklammern.
Jiráskovo Náměstí 6, tancici-dum.cz, Tram 17, 21 Jiráskovo Náměstí

(11) Die barocke **St.-Cyrill-und-Method-Kirche** ist ein orthodoxes Gotteshaus aus dem Jahr 1736. Im Mai 1942 tauchten hier die tschechischen Fallschirmspringer unter, die für die Operation Anthropoid mitverantwortlich waren. Im Rahmen dieser Operation wurde ein tödlicher Anschlag auf den deutschen SS-Obergruppenführer Reinhard Heydrich verübt, der auch als „Schlächter von Prag" bekannt war. Die Kirche ist heute ein Monument zum Gedenken an die Helden, die, nachdem sie verraten worden waren, Suizid begangen, um nicht in die Hände von Nazis zu fallen.
Resslova 9, www.pamatnik-heydrichiady.cz, Tel. 224920686, März–Okt. Di–So 9.00–17.00, Nov.–Feb. Di–Sa 9.00–17.00 Uhr, Eintritt frei, Metro Karlovo Náměstí, Tram 3, 4, 6, 7, 10, 14, 16, 18, 22, 24 Karlovo Náměstí

㉓ Auf einem eher unauffälligen kleinen Platz, umringt von langweiligen Behördengebäuden, steht seit 2014 eines der beeindruckendsten Werke des Künstlers und Enfant terrible David Černý: der **Kopf von Franz Kafka**. Dieser Kopf, der über zehn Meter hoch ist, besteht aus rostfreien Stahlscheiben, die sich unabhängig voneinander drehen. Diese „Choreografie" ist dynamisch und kann stets neu programmiert werden. Alle vierzig Minuten formen sich die Scheiben zu einer imposanten Büste Kafkas.

Charvátova 6, quadrio.cz/en/franz-kafka, Metro Národní Třída

㉔ Der **Karlsplatz** (Karlovo Náměstí) ist der größte Platz der Stadt, aber eigentlich handelt es sich bei ihm mehr um eine Art Park, in dem sich der Hektik des Alltags entfliehen lässt. Es stehen hier Plastiken bekannter Schriftsteller und Gelehrten, und in der direkten Umgebung befinden sich zahlreiche Universitätsgebäude.

Karlovo Náměstí, Metro Karlovo Náměstí, Tram 3, 6, 14, 18, 20, 22, 23, 24 Karlovo Náměstí

㉕ Das **Neustädter Rathaus** ist ein Komplex mittelalterlicher Gebäude, die allesamt auf der Liste des UNESCO-Weltkulturerbes stehen. An den Wochenenden werden hier häufig folkloristische Veranstaltungen organisiert. Du könntest auch den gotischen Turm besteigen oder die Invisible Exhibition besuchen, um zu erfahren, wie es ist, blind zu sein (reservieren empfohlen). Außerdem gibt es eine Dauerausstellung über die Geschichte der Prager Neustadt, eine Kunstgalerie und das angesagte Café Neustadt, in dem abends regelmäßig Bands auftreten.

Karlovo Náměstí 23, novomestskaradnice.cz, Tel. 224948225, Rathausturm Apr.–Nov. Di–So 10.00–18.00 Uhr, Eintritt 60 Kč, Metro Karlovo Náměstí

㉟ Der sechshundert Jahre alte **Wenzelsplatz** (Václavské Náměstí) war früher ein Pferdemarkt. Inzwischen ist er der Mittelpunkt der Prager Neustadt und das Symbol des tschechischen Widerstands gegen den Kommunismus. Der 21-jährige Student Jan Palach setzte sich 1969 hier in Brand, um dem Volk die verzweifelte Lage, in der sich das Land befand, vor Augen zu führen. Im November 1989 – kurz bevor er zum Präsidenten gewählt wurde – erschien Václav Havel auf dem Balkon des Melantrich-Hauses, um das Ende des Kommunismus zu verkünden.

Václavské Náměstí, Metro Můstek

32

24

7

(34) Das **Mucha Museum** zeigt Werke des Malers Alfons Mucha, der zu den bekanntesten Vertretern des Jugendstils zählt. Sein grafischer Stil wurde vor allem durch seinen Plakatentwurf für ein Theaterstück mit Sarah Bernhardt bekannt. Auch gestaltete er Briefmarken und Banknoten. Viele seiner Entwürfe werden in diesem Museum ausgestellt. Auch den Museumsshop sollte man nicht verpassen!

Panská 7, www.mucha.cz, Tel. 221216415, tgl. 10.00–18.00 Uhr, Eintritt 240 Kč, Metro Můstek

(36) Am belebten Wenzelsplatz befinden sich das Alte und das Neue Gebäude des **Nationalmuseums**. Das stattliche Alte Gebäude aus dem Jahr 1890 beherbergt eine große Sammlung geologischer und zoologischer Schätze. Von der Treppe überblickt man die Reiterstatue des Heiligen Wenzel, dem Schutzpatron Böhmens. Das Neue Gebäude von 1973 entstammt einem Entwurf Karel Pragers. Hier hatte das kommunistische Parlament seinen Sitz.

Václavské Náměstí 68 und Vinohradská 1, www.nm.cz, Tel. 224497111, tgl. 10.00–18.00, 1. Mi/Monat 10.00–20.00 Uhr, Eintritt 200 Kč, Metro Muzeum

ESSEN & TRINKEN

① Das moderne, helle **Fine Café** ist der ideale Ort zum Frühstücken. Da wäre zum Beispiel das Wellnessfrühstück mit einem Omelette nur aus Eiweiß oder das Gourmetfrühstück mit pochierten Eiern, Lachs, Avocado und Rukola. Allen, die es lieber süß mögen, seien die Pfannkuchen aus Ricotta ans Herz gelegt.
Lumírova 33, www.finecafe.cz, Tel. 725605041, Mo–Fr 7.30–21.30, Sa/So 8.00–21.30 Uhr, Preis 150 Kč, Metro Vyšehrad

③ **Hospůdka na hradbách** ist ein geselliger, kleiner Biergarten, der hinter einer Mauer innerhalb der Festung von Vyšehrad verborgen liegt. Außer Bier kannst du dir hier auch etwas vom Grill bestellen. Genieß währenddessen die Aussicht und die Livemusik.
V Pevnosti 2, Facebook hospudkanahradbach, Tel. 734112214, tgl. 14.00–0.00 Uhr, Preis 250 Kč, Metro Vyšehrad, Tram 7, 8, 24 Albertov, Tram 3, 7, 17, 16 Výtoň

⑧ Das **Kavárna Čekárna** („Café Wartezimmer") macht seinem Namen alle Ehre: In diesem kleinen, freundlichen Café bringt man gut und gerne mehrere Stunden mit einem Buch und einer Tasse Kaffee oder einem guten Glas Wein zu. Der Kaffee stammt von dem Prager Kaffeehaus Pražirna, und auf der Weinkarte stehen tschechische und südamerikanische Weine. Lust auf etwas Stärkeres? Erkundige dich nach den Spirituosen der kleinen tschechischen Destillerien. Ein echter Pluspunkt ist der gemütliche Garten, in dem man das ganze Jahr über sitzen kann.
Vratislavova 8, kavarnacekarna.cz, Tel. 601593741, Mo–Fr 8.00–22.00, Sa 10.00–20.00, So 13.00–20.00 Uhr, Preis Tasse Kaffee mit Gebäck 150 Kč, Tram 2, 3, 7, 17, 21 Výtoň

⑨ Die fröhlich eingerichtete **Cantina Nábřeží** ist ein mexikanisches Restaurant mit freundlichem Service und liegt direkt an der Moldau. Auf der Karte stehen sämtliche Klassiker von *Tacos* bis *Quesadillas* sowie Margaritas und an die fünfzig Sorten Tequila. Besonders zu empfehlen sind die *Sopa Azteca* und die *Fajitas*. Es gibt auch eine Terrasse, auf der man im Sommer lange noch die Abendsonne genießen kann.
Rašínovo Nábřeží 60, cantinanabrezi.cz, Tel. 605775755, tgl. 11.00–0.00 Uhr, Preis 500 Kč, Metro Palackého Náměstí, Tram 2, 3, 4, 10, 16 Palackého Naměstí

⑫ **The Real Meat Society** ist ein handwerklicher Metzgereibetrieb mit einem kleinen Bistro mitten im Laden. Eigentümer ist der britische Metzger und Chefkoch Paul Day. Hier bekommst du ein Sandwich mit Pulled Pork, *Katsu-Kimchi* und sogar Hamburger aus Hirschfleisch, belegt mit Bacon, Käse, Senf, Ketchup und Essiggurke (der *Venison Slider*). In dieser ökologisch und nachhaltig arbeitenden Metzgerei werden die Tiere von Kopf bis Schweif verarbeitet.
Náplavní 5, www.trms.cz, Tel. 222523619, Di–Fr 9.00–18.00, Sa 9.00–16.00 Uhr, So geschl., Preis 250 Kč, Metro Karlovo Náměstí, Tram 2, 3, 4, 6, 7, 10, 14, 18 Karlovo Náměstí

⑭ Das argentinische Restaurant **Gran Fierro** ist mit seinem beeindruckenden Interieur der ideale Ort für einen stilvollen Abend. Man kann Tapas und Empanadas oder ein Drei-Gänge-Menü bestellen. Spezialitäten des Hauses sind die frittierte Cassave sowie das Flanksteak mit *Chimichurri*, einer argentinischen Salsa. Bei Gran Fierro wird Nachhaltigkeit großgeschrieben: Ziel ist, das Restaurant in naher Zukunft komplett auf ökologische Kreislaufwirtschaft umzustellen.
Myslíkova 8, granfierro.cz, Tel. 773700377, Mo–Fr 11.30–0.00, Sa/So 12.00–0.00 Uhr, Preis 350 Kč, Metro Karlovo Náměstí, Tram 2, 3, 4, 6, 7, 10, 14, 18 Karlovo Náměstí

⑱ Das **Pivovar Národni** ist ein modernes tschechisches Wirtshaus. Es befindet sich in einem Klosterkomplex, dem Ursulinenkloster, im Herzen der Prager Neustadt. Das Restaurant ist für das hausgebraute Czech Lion Bier und die vortrefflichen Steaks bekannt, die direkt am Tisch gegrillt werden. Es gibt auch eine schöne, große Terrasse im Innenhof des Klosters. Interessierte haben die Möglichkeit, eine Führung durch die Brauerei zu buchen.
Národní 8, www.pivovarnarodni.cz, Tel. 222544932, tgl. 11.00–22.00 Uhr, Preis 300 Kč, Tram 2, 9, 10, 17, 18, 22 Národní Divadlo

㉑ Gegenüber dem Nationaltheater ist das literarische Café **Kavárna Slavia**. Der vormalige Präsident Václav Havel war hier ein Gast. Mittags kann man hier wunderbar essen oder eine Tasse Kaffee trinken und dazu die Zeitung lesen; abends kommen vor allem Gäste, die nach einer Vorstellung noch etwas trinken wollen.
Smetanovo Nábřeží 2, www.cafeslavia.cz, Tel. 224218493, Mo–Fr 8.00–0.00, Sa/So 9.00–0.00, Preis 200 Kč, Metro Národní Třída, Tram 6, 9, 18, 22 Národní Divadlo

9

12

14

9

14

8

㉒ Das **Café Louvre** gehört zu den ältesten Kaffeehäusern der Stadt und blickt zurück auf eine ereignisreiche Geschichte. Kafka und Einstein gehörten einst zu seinen Stammgästen. Auch heute noch ist es bei den Einheimischen sehr beliebt. Für einen Teller traditionelles tschechisches Gulasch bist du hier richtig.
Národní 22, www.cafelouvre.cz, Tel. 224930949, Mo–Fr 8.00–23.30, Sa/So 9.00–23.30 Uhr, Preis 200 Kč, Metro Národní Třída, Tram 6, 9, 18, 22 Národní Třída

㉖ Bei **Mamacoffee** kann man den Tag ruhig angehen lassen bei einer Tasse Kaffee aus frisch gerösteten Fairtrade-Bohnen, die die Cafébetreiber, ebenso wie den Tee, direkt bei den Plantagen einkaufen. Neben einer eigenen Rösterei gibt es hier auch eine Bäckerei, in der herrliche Torten und Quiches gebacken werden.
Vodičkova 6, www.mamacoffee.cz, Tel. 773337309, Mo–Fr 8.00–22.00, Sa/So 10.00–22.00 Uhr, Preis 135 Kč, Metro Karlovo Náměstí, Tram 3, 9, 14, 24 Vodičkova

㉗ Versteckt in einer Ecke der Františkánská Zahrada liegt das **Head Shot Coffee**. Hier wird erstklassiger Kaffee aus eigener Röstung ausgeschenkt. Es herrscht eine entspannte Atmosphäre in diesem stilvoll minimalistisch, in leuchtenden

Farben eingerichteten Café. Bestell dir zu deinem *Flat White* ein Stück Kuchen oder einen gesunden Snack wie Hummus mit Rohkost oder Joghurt mit Müsli.
Palackého 5, headshot-coffee-frantiskanska-zahrada.business.site, Tel. 603576354, Mo–Fr 8.00–18.30, Sa 12.00–18.30 Uhr, Preis Tasse Kaffee 65 Kč, Metro Můstek, Tram 3, 9, 14, 24 Václavské Náměstí

(32) In Prag gibt es eine große vietnamesische Gemeinschaft, von daher sind einige vietnamesische Esslokale in der Stadt. **Banh-mi-ba** ist so eines und sehr beliebt bei den Einheimischen. Unter der Woche kann es hier mittags sehr voll sein. Man bekommt hier Klassiker wie das *Bageta Bo* mit Rindfleisch, Zitronengras, Mayonnaise, Koriander und Rohkost. Auf Wunsch auch glutenfrei.
Panská 9, www.banhmiba.cz, Tel. 604104384, Mo–Sa 10.30–22.00, So 10.30–21.00 Uhr, Preis 125 Kč, Metro Můstek, Tram 3, 9, 14, 24 Václavské Náměstí

(33) Bei **Kantýna** landet das beste Fleisch Tschechiens vom Holzkohlegrill direkt auf deinen Teller. Hier isst man in Kantinenambiente moderne tschechische Fleischgerichte von Spitzenqualität. Das Restaurant befindet sich in einem ehemaligen Bankgebäude mit viel Marmor und Jugendstilfresken an den Wänden.
Politických Vězňů 5, www.kantyna.ambi.cz, tgl. 11.30–23.00 Uhr, Preis 300 Kč, Metro A, C Muzeum, Metro A, B Můstek

SHOPPEN

(13) Der **CZECHDESIGN Shop** ist die Initiative einer Non-Profit-Organisation, die 2003 von engagierten Design-Studenten gegründet wurde, um jungen tschechischen Designern zu mehr Öffentlichkeit zu verhelfen. In diesem Laden findet man alles: von Biergläsern, Joghurtbechern aus Porzellan und handgemachter Kaffeeseife zu originellen Rucksäcken. Es ist ein inspirierender Shop, in dem man sich nicht so schnell sattgesehen hat.
Myslíkova 5, www.czechdesign.cz, Tel. 777190774, Mo–Fr 11.00–19.00, Sa/So 10.00–18.00 Uhr, Metro Karlovo Náměstí, Tram 2, 3, 4, 6, 7, 10, 14, 18 Karlovo Náměstí

(15) Der **Globe Bookstore & Café** ist ein charmanter, englischsprachiger Buchladen mit urgemütlichem Café hinten drin. Besonders beliebt ist das amerikanische

Brunchmenü. Abends finden hier oft Veranstaltungen statt, immer in englischer Sprache. Das Globe war früher der allererste Treffpunkt von Zuwanderern.
Pštrossova 6, www.globebookstore.cz, Tel. 224934203, Mo–Fr 10.00–0.00, Sa/So 9.30–1.00 Uhr, Preis 150 Kč, Metro Karlovo Náměstí

(17) **Dyzajnoff** ist ein Laden voller hipper Mode, Accessoires und anderem Designer-Schnickschnack. Der Shop ist aus der Pop-up-Initiative von Dysaijnmarket hervorgegangen, die anfänglich lediglich Trödelmärkte organisierte. Heute kann man hier das ganze Jahr über echt tschechisches und bezahlbares Design erwerben.
Ostrovní 20, www.dyzajnmarket.com, Tel. 731419953, Mo–Sa 11.00–19.00 Uhr, Metro Národní Třida, Tram 6, 9, 18, 22 Národní Třida

(29) In der Prager Neustadt gibt es viele alte Einkaufspassagen, in denen man die Atmosphäre vergangener Zeiten erspüren kann. Eine der schönsten ist **Palác Lucerna**. Probier ein gestricktes Kleidungsstück aus der Kollektion von Jaroslava Procházková an, kauf eine Schallplatte bei Happy Feet oder bestell dir einen Drink im historischen Kavárna Lucerna. Von dort blickt man auf die zentrale Halle, wo ein beachtliches Kunstwerk von David Černý hängt. Hast du Feuer gefangen? Dann streife weiter durch die angrenzenden Passagen Dům U Novaku und Palác Rokoko.
Vodičkova 36, lucerna.cz/en, Tel. 224224537, Metro Můstek, Tram 3, 9, 14, 24 Václavské Náměstí

(30) Bei **CVRK** wird jeder fündig. Hier gibt es nicht nur bunte Blusen, originelle T-Shirts, Kleider, Schmuck und andere Accessoires, sondern auch Notizbücher und Porzellantassen: alles von tschechischen Designern und das meiste handgemacht. Dieser Laden bietet alles, um dich von Kopf bis Fuß neu einzukleiden.
Vodičkova 36, www.cvrk.cz, Tel. 773762577, Mo–Fr 11.00–19.00 Uhr, Metro Můstek, Tram 3, 9, 14, 24 Václavské Náměstí

FREIZEITTIPPS

(16) **Slovanský Ostrov** ist eine kleine Insel in der Moldau mit einem schön angelegten Park. Blickfänger ist der Palais Žofín im Stil der Neorenaissance, wo bis

15
MICHAEL CONNELLY
THE NIGHT FIRE

15
Coca-Cola

13

29
BIO
KINO LUCERNA
CAFE LUCERNA
CAFE LUCERNA

zum heutigen Tag traditionelle Bälle und Konzerte gegeben werden. 1863 dirigierte hier sogar Richard Wagner ein Konzert. Hier kommen die Einheimischen gerne her, um zu entspannen. Man kann schick zu Mittag essen im Žofín Garden Restaurant, für die Allerkleinsten gibt es auf der Insel einen Spielplatz und man kann Ruder- oder Tretboote ausleihen.

Slovanský Ostrov, tgl. 6.00–23.00 Uhr, Tram 17, Národní Divadlo

⑲ In Prag gibt es mehrere Projektionstheater, von denen das **Laterna Magika** das älteste und bekannteste ist. Hier können Sie eine überwältigende Multimedia-Show voller Tanz, Schauspiel, Licht und Musik genießen.

Národní 4, www.laterna.cz, Tel. 224901448, tgl. 10.00–18.00 Uhr, Metro Národní Třída, Tram 9, 18, 22 Národní Divadlo

⑳ Das **Nationaltheater** (Národní Divadlo) wurde 1868 bis 1881 im Stil der Neorenaissance errichtet, wobei der Bau vollständig durch Spenden vom Volk finanziert worden ist. Nach seiner Vollendung brannte das Gebäude komplett ab, wurde aber innerhalb von zwei Jahren neu aufgebaut und von den damals bes-

ten tschechischen Künstlern opulent ausgestaltet. Zu sehen sind hier traditionelle Opern, Dramen oder Ballettstücke, darunter Werke von Smetana, Shakespeare und Tchaikowski. Aber auch modernere Werke werden aufgeführt, etwa von Philip Glass und John Osborne. Gleich neben dem Theater befindet sich die Kasse, wo man Ticktes für Vorstellungen im Nationaltheater, Stavovské Divadlo und dem Kolowrat Theater erhält. Bei den meisten Opern wird der Text in englischer Laufschrift oberhalb der Bühne angezeigt.
Národní 2, www.narodni-divadlo.cz, Tel. 224901448, tgl. 10.00–18.00 Uhr & 45 Minuten vor den Vorstellungen, Metro Národní Trída, Tram 9, 18, 22 Národní Divadlo

(28) Am Ende der Světozor-Passage gelangt man auf den Innenhof mit dem **Franziskanergarten** (Františkánská Zahrada). Mach es wie die Locals an einem sonnigen Tag: Hol dir ein Eis bei Ovocný Světozor und genieß es auf einer der Bänke im Garten. Die Spezialität der Eisdiele ist *Točená* (ausgesprochen: „Totschenaa"), eine Kreuzung aus Sorbet und Softeis. Herrlich erfrischend!
Zugang via Světozor-Passage, tgl. 15. Okt.–14. Apr. 8.00–19.00, 15. Apr.–14. Sep. 7.00–22.00, 15. Sep.–14. Okt. 7.00–20.00 Uhr, Metro Mustek, Tram 3, 9, 14, 24 Václavské Náměstí

(31) Das **Kino Světozor** ist ein Arthouse-Kino, in dem internationale und tschechische Filme (mit englischen Untertiteln) gezeigt werden. Im Laden beim Ticketverkauf findet man neue und alte Filmplakate aus der ehemaligen Tschechoslowakei und dem Rest der Welt. Falls du in die Bar gehst, achte unbedingt auf das Interieur: Die eine Hälfte des Raums ist mit ihren schwarz-weißen Bodenfliesen und roten Gardinen ein Verweis auf David Lynch *Twin Peaks*, während die andere Hälfte Stanley Kubricks *Shining* zitiert.
Vodičkova 41, www.kinosvetozor.cz, Tel. 224946824, Metro Mustek, Tram 3, 9, 14, 24 Václavské Náměstí

(37) Die **Prager Staatsoper** (Státni Opera Praha) ist ein wahres Paradies für Opernfans. Das Haus bietet ein großartiges Setting für Opern- und Ballettvorstellungen. In den Monaten August und September findet hier das alljährliche Verdi-Festival statt. Vergiss nicht, dich für den Opernbesuch ordentlich in Schale zu werfen.
Wilsonova 4, www.opera.cz, Tel. 224901448, Kasse tgl. 10.00–18.00 Uhr & 45 Minuten vor den Vorstellungen, Metro Muzeum

ROUTE 6

VINOHRADY, ŽIŽKOV & KARLÍN

INFOS ZUR ROUTE

Auf dieser Route durch Vinohradi, Žižkov und Karlín schließt du Bekanntschaft mit dem modernen, trendigen Prag. Du kommst an gemütlichen Plätzen, Bauernmärkten und schönen Parks vorbei. Architektur im Stil der Neorenaissance sowie moderne und brutalistische Bauwerke begleiten dich.

DIE VIERTEL

Vinohradi ist ein mondänes Wohnviertel knapp außerhalb des Zentrums von Prag. Der Name stammt von den Weingärten, die hier im Mittelalter von Karl IV. angelegt wurden. Diese Weingärten machten ab Ende des 19. Jahrhunderts Platz für Rosengärten, Obstanlagen sowie dekorative Gebäude und Wohnungskomplexe. Námestí Míru ist das Zentrum dieses Viertels. Hier befinden sich die St.-Ludmilla-Kirche, ein Theater (Divadlo na Vinohradech) und unzählige Restaurants. Vinohrady ist für gute Restaurants, Cafés und Boutiquen bekannt. Das Viertel eignet sich perfekt, um der touristischen Hektik zu entfliehen. Hier triffst du vor allem Locals und Expats und bist für einen Moment in Prag zu Hause.

Žižkov ist seit jeher ein Arbeiterviertel, das sich seinen etwas raueren Charakter bewahrt hat. Das Viertel wurde schon scherzhaft als die Bronx Prags bezeichnet. Es ist vor allem bei Studenten und jungen Professionals beliebt. Wahrzeichen des Viertels ist der Fernsehturm, der hoch über die Dächer hinausragt. Dieser im brutalistischen Stil errichtete Turm gehört zu den auffälligsten und umstrittensten Bauwerken der Stadt. Doch vor allem ist er mit seinen drei Restaurants, dem Ein-Zimmer-Hotel und der Aussichtsplattform, von der aus man die ganze Stadt überblickt, ein beliebtes Ausflugsziel. Eyecatcher sind die riesigen schwarzen Babys des Künstlers David Černý, die den Turm nach oben krabbeln.

Auch **Karlín** war ursprünglich ein Arbeiterviertel. Das änderte sich, als der Stadtteil im Jahr 2002 schwer vom Moldauhochwasser betroffen war. An manchen

Häusern kann man den Pegelstand von damals noch erkennen. Das Viertel wurde von Grund auf renoviert und bekam einen Neustart. Jetzt wohnen hier viele junge Prager und Expats. In kultureller und kulinarischer Hinsicht ist Karlín das kreativste und innovativste Viertel der Stadt. Wenn du wissen willst, was auf kulturellem Gebiet aktuell geboten ist, bist du in der ehemaligen Kaserne Kasárna Karlín richtig, wo Kunst und Entspannung Hand in Hand gehen. Karlín versprüht den Charme eines kleinen, geselligen Dorfs inmitten der großen Stadt.

WENIG ZEIT? DAS SIND DIE HIGHLIGHTS:
NÁMESTÍ MÍRU + VINOHRADSKÝ PARLAMENT + FERNSEHTURM + NÁMESTÍ JIŘÍHO Z PODĚBRAD + KASÁRNA KARLÍN

TIPPS

// Die am wenigsten von Touristen frequentierte Route // Freitags gibt es hier zwei Bauernmärkte // Spaziergang durch emporstrebende Stadtviertel

VINOHRADY, ŽIŽKOV & KARLÍN

1 Náměstí Míru
2 BON Fresh ramen & soba
3 Lazy Eye
4 Book Therapy
5 Dish
6 Vinohradský Parlament
7 Yuniku
8 Kavárna Mezi Srnky
9 Mint
10 Zmrzlinář
11 Sokolovna
12 Vinohradský Pavilon
13 Theater Royal
14 Riegrovy Sady
15 Beergeek
16 Náměstí Jiřího z Poděbrad
17 Herz-Jesu-Kirche
18 Pour Pour
19 Skoba
20 Fernsehturm
21 Palác Akropolis
22 Pivo a párek
23 Hostinec U Tunelu
24 Eska
25 Spojka Karlín
26 Kasárna Karlín
27 Parlor
28 Nejen Bistro
29 Karlinské náměstí
30 Thun Karlovarský porcelán
31 Garage
32 Můj Šálek Kávy
33 Kaizlovy Sady
34 Invalidovna

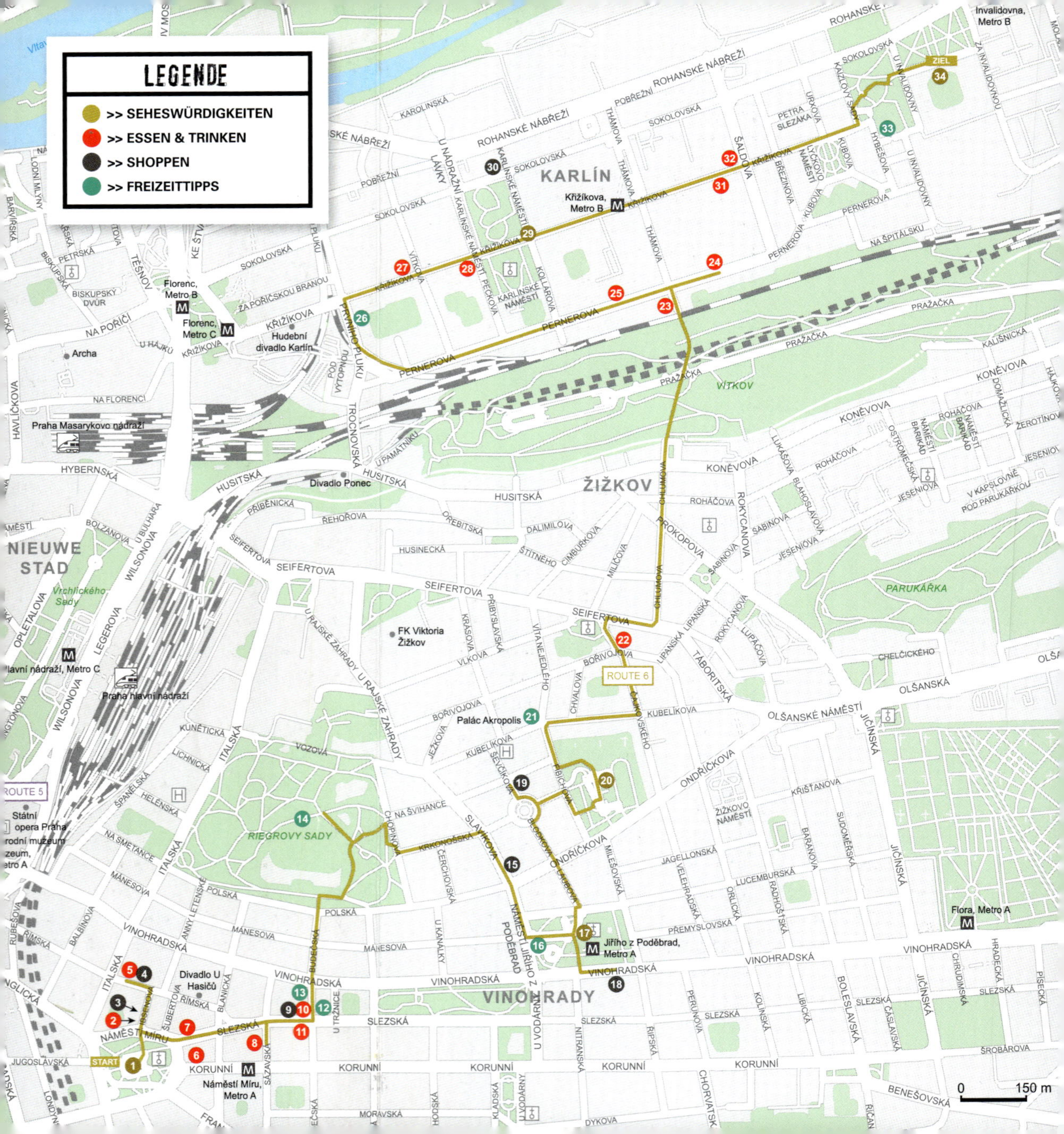
LEGENDE
>> SEHESWÜRDIGKEITEN
>> ESSEN & TRINKEN
>> SHOPPEN
>> FREIZEITTIPPS
KARLÍN
ŽIŽKOV
VINOHRADY
NIEUWE STAD
ROUTE 6
ROUTE 5
START
ZIEL
Invalidovna, Metro B
Křižíkova, Metro B
Florenc, Metro B
Florenc, Metro C
Hudební divadlo Karlín
Archa
Praha Masarykovo nádraží
Divadlo Ponec
FK Viktoria Žižkov
Palác Akropolis
Praha hlavní nádraží
Státní opera Praha
Divadlo U Hasičů
Náměstí Míru, Metro A
Jiřího z Poděbrad, Metro A
Flora, Metro A
VÍTKOV
PARUKÁŘKA
RIEGROVY SADY
Vrchlického Sady
0 150 m

BESCHREIBUNG ROUTE 6 (ca. 7,5 km)

Nimm an der Metrostation Náměstí Míru den gleichnamigen Ausgang zu den Trambahnen. Bewundere die Gebäude rund um den Platz 1 und geh in der Umgebung etwas essen oder shoppen 2 3 4 5 6. Lauf vorbei an der Kirche in die Slezská-Straße und reservier einen Tisch bei Yuniku 7, geh bei Mezi Srnky brunchen 8, kauf dir ein schönes Kleidungsstück bei Mint 9 oder hol dir ein Eis für unterwegs bei Zmrzlinář 10. Auf der gegenüberliegenden Seite kannst du traditionell tschechisch essen 11. Wirf einen Blick auf den Vinohradský Pavillon 12 und buche Tickets für eine Show im Theater Royal 13. Spazier durch den Park Riegrovy Sady 14 und mach einen kurzen Abstecher in den Biergarten. Verlass den Park, folge der Krkonošská-Straße, an deren Ende du rechts in die Slavíkova biegst. Dort befindet sich ein schöner Biershop 15. Setz den Weg fort bis zum Platz, wo viele nette kleine Cafés 16 auf dich warten. Besichtige die Kirche 17 oder geh shoppen 18. Verlass den Platz über die Laubova-Straße und lauf weiter über Blodkova zum Škroupovo náměstí. Kauf ein einzigartiges Notizbuch bei Skoba 19 oder bieg unmittelbar rechts ab, um über Pospíšilova zum Fernsehturm 20 zu gelangen. Setz deinen Weg über die Fichova-Straße fort und schau dir das Abendprogramm im Palác Akropolis 21 an oder geh gleich rechts in die Kubelikova Straße und anschließend links in die Čajkovského. Dort ist das Pivo a párek 22, wo du Bier mit Wurst bekommst. Am Ende der Straße biegst du links ab in die Seifertova. An der Trambahnhaltestelle Lipanská geht es links die Treppen hinunter. Folge anschließend der Chlumova, bis du an den Žižkov-Tunnel gelangst. Durch diese Fußgängerunterführung, die unter dem Vitkov-Hügel verläuft, gelangst du direkt in das Karlín-Viertel. Gleich gegenüber findest du ein paar gute Restaurants 23 24 25. Halte dich links und geh über Pernerova, Malého und Prního Pluku zum Kasárna Karlín 26. Rechter Hand geht es in die Křižíkova-Straße. Bestell dir einen Drink oder ein Eis bei Parlor 27 oder geh romantisch essen im Nejen Bistro 28. Spazier über den Platz 29, kauf tschechisches Porzellan 30, gönn dir eine kanadische Delikatesse 31 oder trink Kaffee bei Můj Šálek Kávy 32. Setz den Weg anschließend fort, bis du am romantischen Park Kaizlový Sady 33 angelangst, wo du die alte Veteranenklinik Invalidovna 34 besichtigen kannst. Gleich in der Nähe befindet sich die Metrostation Invalidovna, von dort gelangst du sehr einfach wieder ins Zentrum.

SEHENSWÜRDIGKEITEN

(1) **Náměstí Míru** ist der wichtigste Platz im Stadtteil Vinohrady. Mittelpunkt ist die neugotische St.-Ludmilla-Kirche, die 1888 bis 1898 erbaut wurde. Schräg dahinter, zu deiner Linken, steht das Divadlo na Vonhradech, ein Theater aus dem Jahr 1909 mit imposanten Figuren auf dem Dach. Auf dem Platz gibt es unzählige Restaurants. Unterhalb des Platzes befindet sich die Metrostation Náměstí Míru, sie hat die längste Rolltreppe Prags und eine der längsten in Europa. Sie ist 87 Meter lang, führt 43 Meter hinunter und zählt 563 Stufen. Eine Fahrt auf dieser Rolltreppe dauert ganze 2 Minuten und 15 Sekunden.

Náměstí Míru, Metrostation Náměstí Míru

(17) Die auffällige **Herz-Jesu-Kirche** ist der bedeutendste tschechische Kirchenbau des 20. Jahrhunderts. Dieses moderne Gebäude wurde nach Entwürfen des führenden slowenischen Architekten Josip Plečnik erbaut. Blickfänger ist der 42 Meter hohe und verhältnismäßig flache Turm mit der größten Glocke Tschechiens (7,5 Meter breit). Die Struktur und das Interieur erinnern an die Arche Noah, ein Effekt, der durchaus so beabsichtigt war.

Náměstí Jiřího z Poděbrad, srdcepane.cz, Tel. 222727713, Metro Náměstí z Poděbrad

(20) Der **Fernsehturm** gehört zu den umstrittensten Bauwerken der Stadt. Im Stile des Brutalismus erbaut, wird der Turm von Einheimischen geliebt und gehasst. Vor allem die schwarzen Babys, die den Turm emporkriechen, ziehen die Blicke auf sich. Sie sind das Werk des Prager Künstlers und Enfant terrible David Černý. Der Turm dient als Fernsehsendemasten und ist mit seinen 216 Metern der höchste Orientierungspunkt Prags. Von seinen drei Aussichtskabinen überblickt man ganz Prag samt seiner Umgebung. Oben gibt es zudem noch das Restaurant Oblaca und das luxuriöse One Room Hotel. Am Fuße des Turms befindet sich ein Restaurant mit Liegewiese. Im Winter kann man hier Schlittschuh laufen.

Mahlerovy Sady 1, www.towerpark.cz, Tel. 210320081, tgl. 8.00–0.00 Uhr (Aussichtsplattform), Eintritt Aussichtsplattform 250 Kč, Metro Jiřího z Poděbrad

(29) Der lebendige **Karlinské náměstí** ist der zentrale Platz dieses Stadtviertels. Hier steht eine der größten Kirchen Tschechiens, die St.-Cyrill-und-Method-Kir-

17

29

34

20

che, die 1854 bis 1863 im Stil des Barocks erbaut wurde. Samstags ist hier ein großer Bauernmarkt und auch sonst finden regelmäßig kulturelle Veranstaltungen statt. Rund um den Platz sind nette Cafés und Restaurants.
Karlinské Náměstí, Metro Křižíkova, Tram 3, 8, 24 Karolinské Náměstí

(34) Obwohl nie vollkommen fertiggestellt, ist die **Invalidovna** das größte barocke Bauwerk Prags. Zwischen 1731 und 1737 errichtet, diente sie bis in die 30er-Jahre des letzten Jahrhunderts als Krankenhaus für Kriegsveteranen. Inspiration für das beeindruckende, mysteriöse Gebäude war das Hôtel des Invalides in Paris. Heute ist es ein beliebter Drehort für Filme. Die Invalidovna ist freitags und am Wochenende für die Öffentlichkeit zugänglich, allerdings nur im Rahmen geführter Touren.
Za Invalidovnu, www.invalidovna-praha.cz, Tel. 724816966, Fr 14.00–16.00, Sa/So 10.00–16.00 Uhr, Eintritt 100 Kč, inklusive Führung in englischer Sprache, Metro Invalidovna

ESSEN & TRINKEN

(2) **BON Fresh ramen & soba** ist eine besonders authentische japanische Ramen-Bar. Hier werden alle Ramen- und Soba-Nudeln von Hand hergestellt. Besonders beliebt sind die *Tonkotsu Ramen* und die *Vege Soba*, eine Schüssel vegetarische Soba-Nudeln mit Avocado, Mais, Sojasprossen, grünen Bohnen und Sesam. Dieses kleine, gemütliche Restaurant ist mit seinem Betonboden und Holzmöbeln modern und stylisch eingerichtet. Bewundere auch die prachtvolle Wandmalerei im typisch japanischen Stil mit ihren neun bunten Fischen.
Ibsenova 1, www.bonprague.cz, Tel. 773903288, Di–Sa 11.30–15.30 & 16.30–21.30, So 11.30–21.00 Uhr, Preis 200 Kč, Metro Náměstí Míru, Tram 4, 10, 13, 16, 22 Náměstí Míru

(5) Die besten Hamburger isst man in Prag bei **Dish** (Fine Burger Bistro). Hier werden Hamburger, Soßen und Ketchup mit sehr viel Liebe zubereitet: Alles kommt aus eigener Küche. Mach es dir einfach und bestell den Cheeseburger nach Art des Hauses oder probier etwas Neues, zum Beispiel den Olomouc & Porto Burger mit Käse aus Mähren und in Portwein karamellisierten Zwiebelrin-

gen. Es steht immer auch ein vegetarischer Burger auf der wechselnden Speisekarte. Dazu noch die hausgemachten Pommes und das Festmahl ist komplett.
Římská 29, www.dish.cz, Tel. 222511032, Mo–Sa 11.00–22.00, So 12.00–22.00 Uhr, Preis 200 Kč, Metro Náměstí Míru

⑥ Die Spezialität des Hauses sind bei **Vinohradský Parlament** die tschechischen *Knedliky* (Knödel). Auf der Karte stehen sie in traditioneller Form, aber auch in modernem Gewand. Bestell dir Rostbraten mit Soße und so vielen Kartoffelknödeln, wie du essen kannst, oder Zucchiniknödel mit geräucherter Makrele. Die süßen Puddingknödel mit Erdbeeren sind kein Dessert, sondern ein typisch böhmisches Mittagessen. Vergiss nicht, nach oben an die Decke zu schauen: Hier isst du unter den Blicken der Hirsche und Enten aus Gips.
Korunní 1, www.vinohradskyparlament.cz, Tel. 224250403, Mo 10.45–23.00, Di–Mi 10.45–23.30, Do–Fr 10.45–0.00, Sa 11.30–0.00, So 11.30–23.00 Uhr, Preis 250 Kč, Metro Náměstí Míru, Tram 4, 10, 13, 16, 22 Náměstí Míru

⑦ Traditionell koreanisches Barbecue bekommt man bei **Yuniku**. Hier kann man sich Fleisch oder Fisch auf einem echten Holzkohlegrill selbst zubereiten. Auf der Speisekarte stehen unter anderem das berühmte Wagyu-Rindfleisch, US-amerikanisches Flanksteak, Entenbrust und der in Japan so beliebte Fisch Shishamo. Die Salatblätter auf dem Tisch sind dazu gedacht, das Fleisch darin, wie in einer Art Sandwich, zu essen. Die Küche mag traditionell sein, das Interieur ist stylish und sorgt für modernes Ambiente von internationalem Format.
Slezská 3, www.yunikubbq.cz, Tel. 777667083, tgl. 11.30–23.00 Uhr, Preis Menü für 2 Personen 1500 Kč, Metro Náměstí Míru

⑧ In dem kleinen **Kavárna Mezi Srnky** kann man wunderbar frühstücken oder mittagessen. Es gibt täglich wechselnde, gut belegte Sandwiches aus selbstgemachtem Brot, Quiches, Suppen und Salate. Und vergiss nicht, zum Nachtisch ein Stück Karrottenkuchen oder ein amerikanisches Cookie zu bestellen.
Sázavská 19, www.mezisrnky.cz, Tel. 732238833, Mo–Fr 7.30–20.00, Sa/So 9.30–16.00 Uhr, Preis 150 Kč, Metro i.p. Pavlova

⑩ Hausgemachtes Eis ist in Prag immer weiter auf dem Vormarsch und das **Zmrzlinář** ist dafür ein gutes Beispiel. Das stylische Interieur mit weißen

8
Lunch
all afternoon

2

7

2

6

24

Metrofliesen und Betonboden zeigt sofort, dass sich hier alles um das Eis dreht. Es wird täglich aus natürlichen Zutaten frisch zubereitet. Die Geschmacksrichtungen wechseln je nach Tag und Jahreszeit. Lass dich überraschen von Sorten wie Aperol, Grapefruit oder Quark.

Slezská 15, www.zmrzlinar.cz, Tel. 733785657, tgl. 13.00–19.00 Uhr, Preis 40 Kč je Kugel, Metro Náměstí Míru

(11) Das **Sokolovna** ist ein modernes tschechisches Café-Restaurant mit geselliger, authentischer Atmosphäre. Hier bekommst du echte tschechische Klassiker wie *Svičková* (Lendenbraten mit Sahnesoße) und Schweinshaxe. Oder probier doch mal die *Hospodské Chutovky*, den typisch tschechischen, herzhaften Snack zum Bier.

Slezská 22, www.restaurantsokolovna.cz, Tel. 222524525, Mo–Sa 11.00–0.00, So 12.00–23.00 Uhr, Preis 180 Kč, Metro Náměstí Míru

(22) Willst du wie ein richtiger Tscheche zu Abend essen? Dann begib dich zu **Pivo a párek** („Bier und Würstchen"), um ein Bier mit Wurst oder einen ande-

ren typisch tschechischen Snack wie Bierkäse oder Speck zu essen. Hinter dem Laden gibt es eine kleine, geschützte Terrasse. Ein Bier bei Pivo a parék zu trinken, ist eine Erfahrung, auf die du keinesfalls verzichten solltest.
Bořivojova 58, www.pivoaparek.cz, Tel. 731457910, Mo–Sa 15.00–23.00, So 15.00–22.00 Uhr, Preis Halbe Bier 35 Kč, Tram 5, 9, 15, 26, 35, 39 Lipanská

(23) Im traditionellen Café **Hostinec U Tunelu** bekommt man in uriger Atmosphäre solide tschechische Kost zu bezahlbaren Preisen. Ein Klassiker ist der gebackene Käse mit Salzkartoffeln und Remouladensoße. Das Restaurant liegt in einer Sackgasse, gleich bei der Fußgängerunterführung, die Žižkov und Karlín miteinander verbindet. Das Café hat verschiedene tschechische Biere am Zapfhahn, wie zum Beispiel Konrad und Kocour, zwei Biere, die man nicht überall bekommt.
Thámova 1, www.utunelu.cz, Tel. 224815801, Mo–Fr 11.00–23.00 Uhr, Preis 150 Kč, Metro Křižíkova, Tram 3, 8, 24 Křižíkova

(24) **Eska** ist Restaurant und Bäckerei in einem. Zum Brunchen ist es eine der ersten Adressen von Prag, nicht zuletzt wegen des knusprig-frischen Sauerteigbrots, das in dem Holzofen gebacken wird. Eska ist ein lebendiges, helles und geräumiges Reataurant mit industriellem Interieur. Man kann hier auch ausgezeichnet zu Abend essen. Auf der wechselnden Speisekarte stehen überraschende Gerichte wie Kohlrabinudeln mit pochiertem Ei oder Schweinehals mit Blumenkohl, Blattsalat und Holunderblüten.
Pernerova 49, eska.ambi.cz/en, Tel. 731140884, Mo–Fr 8.00–22.00, Sa/So 9.00–22.00 Uhr, Preis 300 Kč, Metro Křižíkova, Tram 3, 8, 24 Křižíkova

(25) Bei **Spojika Karlín** sitzt man mitten im Grünen: Überall stehen und hängen Pflanzen. *Spojka* (was so viel wie „Knotenpunkt" bedeutet) ist das erste flexitarische Restaurant des Lands und will die Menschen zusammenbringen. Ob man sich nun vegetarisch, vegan, gerne mit Fleisch oder glutenfrei ernährt: Für jeden gibt es hier genügend Auswahl. Auf der Speisekarte stehen originelle Gerichte wie Gnocchi vom Blumenkohl mit Waldpilzen oder Kaninchen. Man kann hier frühstücken, mittagessen, abendessen und am Wochenende bis spät in den Nachmittag hinein brunchen.
Pernerova 35, www.spojka-karlin.cz, Tel. 226203888, Preis 300 Kč, Metro Křižíkova, Tram 3, 8, 24 Křižíkova

(27) Bei **Parlor** bist du nicht nur richtig, um einen der herrlichen *Parlorky* (Eis zwischen zwei frisch gebackenen Cookies) zu essen, sondern auch, um dir einen Gin Tonic oder eine gute Tasse Kaffee zu genehmigen. In diesem Shabby-Chic-Café herrscht eine gelassene Atmosphäre. Gönn deinen Füßen ein wenig Ruhe und lehn dich in einem der gemütlichen Stühle zurück. Von Frühstück über Mittagessen bis zum Drink: Hier kann man mühelos den ganzen Tag verbringen.
Křižíkova 37, www.parlor.cz, Tel. 724518080, Mo–Fr 8.00–18.00, Sa/So 9.00–18.00 Uhr, Preis Mittagessen 150 Kč, Metro Florenc, Tram 3, 8, 24 Karolinské Náměstí

(28) Die jungen Köche des **Nejen Bistro**, eines der besten Restaurants der Stadt, bersten vor Kreativität und Energie. Sie erfinden Klassiker mit modernem Touch, etwa die Rindfleischburger mit einer *Kimchi*-Remoulade (also mit fermentiertem Kohl und Gemüse) oder so originelle Gerichte wie das Gemüsemedley aus Spargel, Rosenkohl, grünen Bohnen mit pochiertem Ei, eingelegten Radieschen und Pecorino. Die perfekte Adresse für ein romantisches Abendessen.
Křižíkova 24, www.nejenbistro.cz, Tel. 721249494, Mo–Fr 11.00–23.00 Uhr, Preis 350 Kč, Metro Křižíkova, Tram 3, 8, 24 Karolinské Náměstí

(31) **Garage** ist ein schlichtes kanadisches Deli in einer früheren Autowerkstatt. Der tschechische Besitzer wuchs in Kanada auf und beschloss 2015, die kanadische *Poutine* nach Prag zu bringen: eine Portion Pommes mit *Cheese-Curds*, einer schwammartigen, bröckeligen Käseart, übergossen mit Bratensoße. Mach es dir einfach und bestell die Classic Poutine oder aber nimm eine der reichhaltigeren Varianten mit Fleisch wie zum Beispiel den Bacon Burger Poutine.
Křižíkova 58, www.poutine.cz, Tel. 774427243, Mo–Fr 11.00–14.00 & 16.30–19.30 Uhr, Preis 150 Kč, Metro Křižíkova, Tram 3, 8, 24 Křižíkova

(32) **Můj Šálek Kávy** ist ein beliebtes kleines Café in Karlín, in dem man frühstücken und abendessen kann. Am Wochenende ist hier die Auswahl beim Frühstück noch größer – wie wäre es mit Schokoladenpfannkuchen, einem großen englischen Frühstück oder einer veganen Bowl? Den Kaffee importieren und rösten sie selbst. Das Produkt haben sie Doubleshot genannt. Auch ein schönes Mitbringsel: eine Packung frisch gerösteter Kaffee von deinen Lieblingsbohnen.
Křižíkova 105, mujsalekkavy.cz, Tel. 725556944, Mo–Sa 9.00–21.00, So 10.00–18.00 Uhr, Preis 170 Kč, Metro Křižíkova, Tram 3, 8, 24 Křižíkova

27

27

SHOPPEN

③ Der unauffällige kleine Laden **Lazy Eye** in einer Seitenstraße von Náměstí Míru verfügt über eine einzigartige Kollektion von Vintage-Kleidern im Stil der 40er- und 50er-Jahre. Für die Eigentümerin ist das Geschäft mit eigenem Label ein Kindheitstraum, der in Erfüllung gegangen ist. Bleistiftröcke, Abendkleider, Petticoats und Wickelkleider: Hier findest du alles in den schönsten Farben, Stoffen und Drucken. Sämtliche Stücke sind handgemacht und kommen aus dem eigenen Atelier.

Ibsenova 3, www.lazyeye.cz, Tel. 222518661, Mo–Fr 12.00–18.30 Uhr, Metro Náměstí Míru

④ Die meisten Buchläden in Prag haben nur Bücher auf Tschechisch, **Book Therapy** ist eine Ausnahme. Hier findest du zahlreiche schöne Bücher zum Thema Reisen, Fotografie, Architektur, Lifestyle und Kunst. Auch eine Auswahl an Kinderbüchern gibt es hier. Bei Book Therapy siehst du keine vollgestopften Bücherregale. Die sorgfältig ausgewählten Bücher werden so ausgestellt, dass sie dem Kunden gut ins Auge fallen. Der Laden ist ein Paradies für Buchliebhaber. Man kann hier mühelos einige Stunden zubringen. Eine dicke Empfehlung!

Římská 35, www.booktherapy.cz, Tel. 223009949, Mo–Fr 12.00–20.00, Sa 11.00–17.00 Uhr, Metro Náměstí Míru

⑨ Die kleine Boutique **Mint** hat ein überraschendes Angebot an neuer und gebrauchter Kleidung. Neue Stücke von tschechischen und internationalen Marken findest du vorne im Laden, zum Beispiel die stylischen T-Shirts für Männer der tschechischen Marke One Day. Weiter hinten hängt die Vintage-Kollektion wie Parkas und Sportjacken auf der „Männerseite" beziehungsweise neckische Damenblusen und hippe Jacken auf der „Frauenseite". Man findet hier auch ganz besondere Accessoires, zum Beispiel Papier-Armbanduhren der deutschen Marke Like Paper.

Slezská 15, www.mintshop.cz, Tel. 776110622, Mo–Fr 12.00–19.00 Uhr, Metro Náměstí Míru

⑮ **Beergeek** ist ein geselliger und ganz besonderer Bierladen. Diese Pivoteka wird von Rusian und Olga geführt, einem jungen Paar, das von einem Laden träumte, in dem es die seltensten Biere der Welt sowie die Grundzutaten für jeden, der selber brauen will, gibt. Die meisten Biere, wo auch immer sie herkommen, importieren sie selbst und kennen alle Brauereien persönlich. Jede Flasche in diesem Geschäft hat ihre eigene Geschichte. In ihrem Beergeek Café, das 5 Minuten zu Fuß entfernt ist, kann man auch Bier trinken.

Slavíkova 10, pivoteka.beergeek.cz, Tel. 771155753, Mo–Sa 11.00–20.00, So 15.00–21.00 Uhr, Metro Jiřího z Poděbrad

⑱ Auf den ersten Blick wirkt das **Pour Pour** vielleicht wie ein gewöhnlicher Bekleidungsshop, aber der Schein trügt. Du solltest unbedingt in diesen Laden schauen, falls du auf der Suche nach einem Geschenk für dich oder jemand anderen bist. Neben schönen Kleidern und Jacken haben sie hier nämlich auch handgemachte Seife, Espadrilles, Schmuck, Glückwunschkarten, Handtaschen und Porzellan; das meiste davon kommt von lokalen Designern.

Vinohradská 47, Facebook pourpourshop, Tel. 777830078, Mo–Fr 10.00–19.00 Uhr, Metro Jiřího z Poděbrad

(19) **Skoba** ist Shop und sozialer Arbeitsplatz in einem. Hier findest du einzigartige Notizbücher, Terminkalender und Skizzenblöcke zum Verlieben. Alles ist handgemacht und nach den Regeln der Buchbindekunst aus allerlei recycelten Materialien hergestellt. Du kannst dich auch zu einem (individuellen) Workshop anmelden und deine eigene Kreation anfertigen oder ein Büchlein nach deinen Vorgaben beziehungsweise aus von dir mitgebrachten Materialien machen lassen.
Ševčíkova 4, www.iskoba.cz/en/home, Tel. 222960662, Mo–Fr 10.00–19.00 Uhr, Metro Jiřího z Poděbrad

(30) Du interessierst dich für schönes und bezahlbares tschechisches Porzellan? Dann schau mal bei **Thun Karlovarský porcelán** vorbei. Thun ist der größte Porzellanfabrikant des Landes und verfügt über ein schier unendliches Sortiment. Klassisch tschechisch sind die Schalen und Teller mit kobaltblauem Muster aus Blumen und Pflanzen; es erinnert ein wenig an Delfter Blau.
Sokolovská 61, www.prodejnaporcelanu.cz, Tel. 724060642, Mo–Fr 9.00–18.00 Uhr, Metro Křižíkova, Tram 3, 8, 24 Křižíkova

FREIZEITTIPPS

(12) Der **Vinohradský Pavilon** ist eine stimmungsvolle Markthalle im Stil der Neorenaissance, entworfen von Antonín Turek. Das Gebäude stammt aus dem Jahr 1902 und wurde 2013 vollständig renoviert. Statt Marktständen mit Gemüse, Obst und Fleischwaren werden seitdem Designermöbel und Wohnaccessoires angeboten. Es gibt hier auch einen tollen Blumenladen und, mitten in der Halle, das Café Aperitivo Pavilon. Dort hat man einen guten Blick auf die beeindruckende Konstruktion des Gebäudes und das Stahlgitter, auf dem das Dach lehnt.
Vinohradská 50, www.pavilon.cz, Markthalle Mo–Fr 10.00–19.00, Sa 10.00–18.00 (die jeweiligen Geschäftszeiten können abweichen), Café Mo–Fr 08.30–19.00 & Sa 10.00–18.00 Uhr, Metro Náměstí Míru, Tram 11, 13 Vinohradská Tržnice

(13) Im **Theater Royal** kann man einer der wenigen noch authentischen Burlesque Shows von Europa beiwohnen. Mach dich für einen heißen, unvergesslichen Abend zurecht: Tänzer und Performer auf Topniveau, gewagte Kostüme, grandiose Beleuchtung und natürlich Musik. Und auch das Setting ist phäno-

15
ZICHOVEC
FRUIT SMOOTHIE
SOUR MANGO
HOTLINE
JUICY LUCY
BEER FEST
GOOSE
LIKE A VIRGIN
KRAHUJ
Kamenice

33

16
youtube:
tube/madbbq
www.madbbq.cz

18

menal. In diesem Theater, das 1929 erbaut wurde, fühlst du dich in einen Nachtclub der 30er-Jahre versetzt. Nipp an deinem Cocktail und genieß die Show.
Vinohradská 48, www.leroyal.cz, Tel. 605581405, Öffnungszeiten je nach Vorstellung, stets eine Stunde vor Vorstellungsbeginn, Eintritt Burlesque-Show ab 490 Kč, Metro Náměstí Míru, Tram 11, 13 Vinohradská Tržnice

(14) Den Park **Riedgrovy Sady** sollte man bei einem Pragbesuch nicht auslassen. Von seinem höchsten Punkt aus überblickt man das Zentrum und hat eine grandiose Sicht auf die Burg. Im Sommer ist hier bis spät abends immer was los. Im Biergarten stehen Foodtrucks, wo man neben Bier und Würstchen auch ein Glas Prosecco, einen Hamburger oder auch einen Cappuccino bekommt. Ein Stückchen weiter sind ein nettes kleines Café mit Terrasse und ein schöner Spielplatz.
Park Riegrovy Sady, Metro Jiřího z Poděbrad

(16) Der **Náměstí Jiřího z Poděbrad** hat sich innerhalb weniger Jahre zu einem der nettesten Plätze der Stadt gemausert. Hier trifft man vor allem auf Locals und Zuwanderer. Auf dem Platz gibt es unzählige Läden und Cafés. Von Mitt-

woch bis Samstag ist hier ein Bauernmarkt. Die Bewohner Prags kaufen hier gerne ein, gehen bei Le Caveau brunchen oder picknicken auf der Wiese. Das Cafefin ist bei Studenten sehr beliebt. Nachteulen können sich bei Burrito Loco einen Breakfast Burrito oder eine *Quesadilla* genehmigen.
Náměstí Jiřího z Poděbrad, trhyjirak.cz, Bauernmarkt Mi–Fr 8.00–18.00, Sa 8.00–14.00 Uhr, Metro Jiřího z Poděbrad

(21) **Palác Akropolis** ist ein beliebtes Kulturzentrum mit Livemusik, Theatervorstellungen und Tanzabenden. Hier treten junge, aber auch bekanntere Bands auf. Das beeindruckende Gebäude in auffälligem Rosa und Mintgrün stammt aus dem Jahr 1929 und verfügt über ein ebenso bemerkenswertes Interieur. Vergiss nicht, einen Blick in das Restaurant zu werfen, das von dem Maler und Bildhauer František Skála gestaltet wurde – der Raum mutet wie ein Aquarium an, in dem lauter bizarre Objekte schwimmen.
Kubelíkova 27, www.palacakropolis.cz, Tel. 296330911, Mo–Fr 10.00–5.00, Sa/So 16.00–5.00 Uhr, Metro Jiřího z Poděbrad

(26) In der ehemaligen Kaserne **Kasárna Karlín** befindet sich heute einer der beliebtesten kulturellen Treffpunkte der Stadt. In diesem Komplex ist derart viel geboten, dass Augen und Ohren schier nicht hinterherkommen, alles zu erfassen. Du findest hier unter anderem eine Kunstgalerie, verschiedene Cafés und Bars, einen Nachtclub, eine Sauna und einen Kinosaal. Im Innenhof werden im Sommer allerlei Veranstaltungen organisiert, zum Beispiel Konzerte oder Filmabende. Eine besondere Attraktion ist das Prastánek, eine Bar in einem 350 Jahre alten, ausgehölten Eichenbaum, gestaltet von František Skála.
Prvního pluku 2, kasarnakarlin.cz/en, Mo–Fr 13.00–23.30, Sa/So 10.00–23.30 Uhr, Metro Florenc

(33) **Kaizlovy Sady** ist ein ruhiger und schön angelegter romantischer Park mit einem Teich. Ende des 19. Jahrhunderts diente das Areal noch als militärische Schießstätte. Nachdem diese 1901 verlegt worden war, legte der Architekt Julius Krýs hier einen schönen Garten an. Die typisch prager Bänke und Laternen im Park sind Repliken der Originale von damals. Es gibt hier darüber hinaus einen schönen Spielplatz und man kann Petanque, eine Art Boule, spielen.
Hybšova 10, Metro Invalidovna

WAS ES SONST NOCH GIBT

Wenn du den in diesem Buch beschriebenen Touren folgst, kommst du an einer Menge Sehenswürdigkeiten vorbei. Doch gibt es sicher Orte, die nicht in den Spaziergängen enthalten sind und einen Besuch lohnen. Diese sind hier kurz aufgeführt. Achtung: Manche sind vom Zentrum aus schlecht zu Fuß zu erreichen, doch mit dem öffentlichen Nahverkehr gelangst du gut dorthin.

Ⓐ Fast jede tschechische Stadt hat ihre eigene Brauerei und Biermarke, in Prag ist das Staropramen. Der ältere Teil der **Brauerei Staropramen** ist zu einem Besucherzentrum mit interaktiver Ausstellung über den Betrieb und Brauprozess umgebaut worden. Und natürlich kannst du hier auch Bier probieren!

Pivovarska 9, www.pivovary-staropramen.cz, Tel. 273132589, tgl. 10.00–18.00 Uhr, Eintritt 199 Kč (inklusive 1 Bier), Metro Anděl, Tram 7, 12, 14, 20 Na Knížecí

Ⓑ Ein kleines Stück außerhalb des Zentrums liegt der Prager Tierpark, **Zoo Praha**. Nach Ansicht der Besucher ist es der viertschönste Tierpark der Welt. Es ist ein moderner und geräumig angelegter Zoo mit viel Grün. Hier lässt sich wunderbar ein ganzer Tag verbringen. Im Sommer fährt ein Boot ab Rašínovo Nábřeží (siehe Route 5) hierher. Die Bootsfahrt dauert 75 Minuten, doch man kommt auch mit Metro und Bus dorthin.

U Trojského Zámku 3, www.zoopraha.cz, Tel. 296112124, Öffnungszeiten siehe Website, Eintritt 200 Kč, Metro Nádraží Holešovice, dann mit Bus 112 Zoologiská zahrada, oder mit dem Boot von Rašínovo Nábřežíe

Ⓒ Geschichtsfans kommen im **Prager Stadtmuseum** (Muzeum Hlavního Města Prahy) voll auf ihre Kosten. Es widmet sich ausschließlich der Geschichte Prags, von der Frühgeschichte bis jetzt. Besonders interessant ist ein maßstabsgetreues Modell von Prag, das vor Augen führt, wie die Stadt zwischen 1826 und 1834 aussah.

Na poříčí 52, www.muzeumprahy.cz, Tel. 224816773, Di–So 9.00–18.00, letzter Mi im Monat 9.00–20.00 Uhr, Eintritt 120 Kč, Metro Florenc

Ⓓ Den musikalischen **Křižíkova-Springbrunnen** solltest du dir nicht entgehen lassen. Denn hier wird eine Show mit Licht, Musik, Tanz und sehr viel spritzen-

dem Wasser dargeboten. Die Lichtshow ist vor allem im Dunkeln spektakulär, versuch daher von Mai bis Juli eine der späten Vorführungen zu besuchen.
U výstaviště 1, www.magickafontana.cz, Tel. 723665694, März–Okt. stündlich von 20.00–23.00 Uhr, Eintritt 1150 Kč, Tram 12, 17, 24 Výstaviště

Ⓔ Im **Messepalast** (Veletržní palác) von 1929 hat seit 1995 die Tschechische Nationalgalerie ihren Sitz. Die Sammlung umfasst unter anderem tschechische moderne Kunst, (post-)impressionistische Gemälde und Werke von Munch, Klimt, Picasso und Miró. Die Kollektion ist so groß, dass man hier leicht den ganzen Tag verbringen kann.
Dukelských Hrdinů 47, www.ngprague.cz, Tel. 224301111, Di–So 10.00–18.00 Uhr, Eintritt 200 Kč, Tram 12, 17, 24 Veletržní

Ⓕ Imposant ist das **Nationaldenkmal** am Veitsberg (Národní památník na Vítkově). Mit dem bronzenen Standbild des Soldaten Jan Žižka zu Pferde ist es von mehreren Orten der Stadt gut zu sehen. Der Veitsberg hat eine Geschichte, die bis ins 14. Jahrhundert zurückgeht, als Karl IV. Weingärten rund um Prag anlegen ließ. Außerdem spielte der Hügel eine wichtige Rolle in den Hussitenkriegen, woran das Standbild erinnern soll. Das Monument ist ein Beispiel für funktionalistische Architektur und wurde zum Gedenken an die tschechoslowakischen Soldaten errichtet, die im Ersten Weltkrieg gefallen sind. Es gibt (zeitgenössische) Ausstellungen sowie ein modernes Café auf der obersten Etage. Von der Aussichtsplattform auf dem Dach hat man einen unvergesslichen Ausblick. Aus Sicherheitsgründen dürfen jede halbe Stunde maximal 25 Besucher auf die Plattform. Der letztmögliche Eintritt ist eine halbe Stunde vor Schließungszeit.

U památníku 1900, www.nm.cz, Tel. 224497607, Nov.–März Do–So 10.00–18.00, Apr.–Okt. Mi–So 10.00–18.00, Aussichtsplattform Nov.–März 10.00–16.00, Apr.–Okt. 10.30–17.30 Uhr, Eintritt komplettes Monument 120 Kč, Plattform 80 Kč, Metro Florenc und Bus 133 oder 207 Ohrada

Ⓖ **Havlíčkovy Sady** (oder auch Grébovkapark) ist der zweitgrößte Park Prags. Er wurde von der italienischen Renaissance inspiriert und Ende des 19. Jahrhunderts angelegt. Im Park findest du die Villa Gröbe, Brunnen, einen Weingarten samt Weinkeller, eine Grotte, einen Holzpavillon mit einer Weinbar und einem Restaurant und einen Pavillion, in dem früher eine Kegelbahn war. Heute ist darin ein modernes Café mit einer belebten Terrasse: Kavárna Pavilon Grébovka.

Havlíčkovy Sady, Park tgl. März–Nov. 6.00–22.00, Apr.–Okt. 6.00–0.00, Café 10.00–22.00, Weinkeller Fr 14.00–21.00 Uhr, Metro Náměstí Míru und Tram 4 oder 22 Jana Masaryka

Ⓗ Nicht nur die Parks, auch die **Friedhöfe** eignen sich in Prag für schöne Spaziergänge. Dabei nimmt man gleich auch noch ein wenig Kultur und Geschichte mit. Im Stadtteil Žižkov gibt es zwei große Friedhöfe direkt nebeneinander. Sie sind vor allem für die Jugendstil-Grabsteine bekannt. Olšany ist der größte Friedhof Prags, er setzt sich aus zwölf kleineren Einzelfriedhöfen zusammen. Eines der bekanntesten Gräber ist das des Studenten Jan Palach. Im orthodoxen Teil steht eine russische Kirche. Eine stark befahrene Straße trennt den Friedhof vom Neuen Jüdischen Friedhof, auf dem Franz Kafka begraben liegt.

Vinohradská 153 (Olšany), Izraelská 1 (Jüdischer Friedhof), Olšany tgl. Mai–Sep. 8.00–19.00, März–Arpil & Okt. 8.00–18.00, Nov.–Feb. 8.00–17.00, Jüdischer Friedhof Apr.–Okt. So–Do 9.00–17.00, Fr 9.00–14.00, Nov.–März So–Do 9.00–16.00, Fr 9.00–14.00 Uhr, Metro Flora (Olšany), Metro Želivského (Jüdischer Friedhof)

Ⓘ Der **Botanische Garten** auf den Hügeln des Viertels Troja ist ein paradiesischer Garten mit Weingut, das wohl 30 Hektar umfasst. In der riesigen Orangerie „Fata Morgana" fühlt man sich in einen Dschungel versetzt und findet unzählige exotische Pflanzen von überall auf der Welt, von Asien über Afrika bis Südamerika. Daneben gibt es immer wieder thematische Ausstellungen. Beim Weingut „St. Klára" gibt es ein geselliges Café mit einem Weinshop: der perfekte Abschluss deines Besuchs.

Trojská 196, www.botanicka.cz, Tel. 234148122, tgl. Nov.–Feb. 9.00–16.00, März–Okt. 9.00–19.00 Uhr, Orangerie Di–So & Feiertage, die Vinothek hat abweichende Öffnungszeiten, Eintritt 100 Kč, Bus 112 Zoologická Zahrada

Ⓙ Das alte Industrieviertel **Holešovice**, in einer Bucht der Moldau gelegen, mag auf den ersten Blick etwas langweilig und farblos wirken, doch das liegt nur an der grauen Betonfassade. Holešovice ist eines der angesagtesten und pulsierendsten Viertel der Stadt mit trendigen Lokalen, wie Phill's Twenty7 oder Big Smokers, Concept-Stores, einem Bitcoin-Café, Galerien und Ausgehmöglichkeiten. Überdies gibt es hier den Pražská Tržnice, einen der größten Märkte Prags, wo man nicht nur frisches Obst und Gemüse bekommt, sondern im Sommer auch Foodtrucks und Caféstände findet. Auf dem Areal ist noch dazu eines der bebliebtesten Restaurants samt Club der Stadt, das SaSaZu. Nicht weit vom Markt gibt es in der Tusarova-Straße, versteckt hinter einem unaufälligen Hausdach, Vnitroblok: mehrere Concept-Stores und Cafés in kreativ eingerichteten Industrieräumlichkeiten. Liebhaber moderner Kunst dürfen es keinesfalls verpassen, dem DOX Centre for Contemporary Art einen Besuch abzustatten. Dieses wichtige Museum in der Poupětova-Straße bietet einen Überlick über zeitgenössische und experimentelle Kunst. Zugpferd ist der gigantische Zeppelin auf dem Dach, in dem auch Veranstaltungen stattfinden.

Dělnicka, Metro Vltavská

Ⓚ In einem barocken Lustschloss von 1720, das auch als Villa Amerika bekannt ist, hat seit 1932 das **Antonín Dvořák Museum** seinen Sitz, das sich dem berühmten Komponisten widmet. Anhand von Partituren, Fotos, Plakaten und Briefen wird hier ein Überblick über Leben und Werk des Komponisten gegeben. Auch mit der Bekanntheit seiner Werke nach dessen Tod im Jahre 1904

setzt sich das Museum auseinander. Im Sommer werden hier im Musiksalon Konzerte veranstaltet.

Ke Karlovu 20, www.nm.cz, Tel. 224923363, Di–So 10.00–17.00 Uhr, Eintritt 50 Kč, Metro Ip Pavlova

Ⓛ Du suchst du an einem heißen Tag ein wenig Abkühlung und willst für ein paar Stunden der Stadt entfliehen? Dann steig in die Tram nach **Divoká Šárka**. Versteckt in diesem idyllischen Tal liegt das Schwimmbad Divoká Šárka, ein schönes Freibad mit kühlem Wasser aus dem Šárka-Bach. Allein der Spaziergang dorthin lohnt schon die Anfahrt. Bieg hinter dem McDonald's ab auf den kleinen Pfad und folge den roten Markierungen. Das Schwimmbad ist täglich geöffnet, bei schlechtem Wetter können die Öffnungszeiten abweichen.

Divoká Šárka 41, oupaliste-sarka.webnode.cz, Tel. 603723501, tgl. Mai–Aug. 9.00–19.00 Uhr, Eintritt 120 Kč, nach 16.30 90 Kč, Tram 8, 36, Divoká Šárka

FOOD

COFFEE & TEA
Espresso 55,-
Double Espresso 85,-
Cappuccino 65,-
Caffe latte 70,-
Macchiato 55,-
Flat white 85,-
FRESH JUICES
Grapefruit
DETOX JUICES
Red Zinger
FRENCH HORN
SAXOPHONE
Fender

REGISTER

SEHENSWÜRDIGKEITEN

ESSEN & TRINKEN

SHOPPEN

FREIZEITTIPPS

VERKEHR

IN GLEICHER REIHE

ISBN 978-3-7343-2021-7

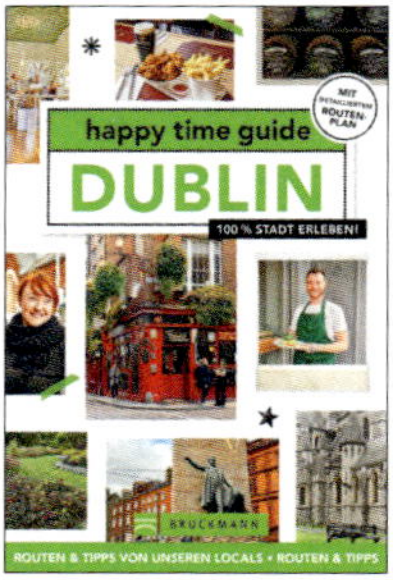

ISBN 978-3-7343-2583-0

ISBN 978-3-7343-1878-8

ISBN 978-3-7343-2582-3

Happy time guide – mehr als ein Reiseführer!

Der happy time guide nimmt dich mit auf unterschiedliche Spaziergänge, auf denen du die Stadt in deinem eigenen Tempo entdeckst und den Lebensstil der Locals kennenlernst. Und das alles, ohne dich vorbereiten zu müssen! Alle Adressen sind persönliche Empfehlungen der Autoren, die in der Stadt leben. Mit inspirierenden Bildern und praktischen Ausklappkarten.

BRUCKMANN

www.bruckmann.de

ERSCHIENEN

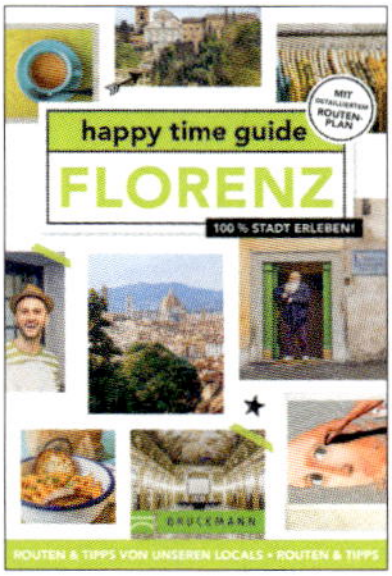

ISBN 978-3-7343-2581-6

ISBN 978-3-7343-2576-2

ISBN 978-3-7343-2580-9

ISBN 978-3-7343-2579-3

ISBN 978-3-7343-2578-6

ISBN 978-3-7343-2577-9

IMPRESSUM

© 2022, published by mo'media, Rotterdam. Die Originalausgabe mit dem Titel »time to momo PRAAG« ist im Februar 2022 im Verlag mo'media erschienen.

This edition is published by Bruckmann Verlag GmbH
in cooperation with »time to momo«.
Autorin: Elke Parsa
Fotos: David in den Bosch, Hans Zeegers, Duncan de Feyn
Layout: Studio 100%, Oranje Vormgevers
Kartografie: Van Oort redactie en kartografie
Repro: Marcel Beijnsberger

DEUTSCHE AUSGABE
© 2022 Bruckmann Verlag GmbH,
Infanteriestraße 11a, 80797 München

Verantwortlich: Claudia Hohdorf
Übersetzung: Gaby van Dam
Redaktion: Susanne Maute
Korrektorat: Simona Fois
Satz: mcp concept GmbH
Repro: LUDWIG:media
Herstellung: Alexander Knoll
Printed in Slovenia by Florjancic

ISBN 978-3-7343-2579-3

★★★★★

Sind Sie mit diesem Titel zufrieden? Dann würden wir uns über Ihre Weiterempfehlung freuen. Erzählen Sie es im Freundeskreis, berichten Sie Ihrem Buchhändler, oder bewerten Sie bei Onlinekauf. Und wenn Sie Kritik, Korrekturen, Aktualisierungen haben, freuen wir uns über Ihre Nachricht an Bruckmann Verlag, Postfach 40 02 09, D-80702 München oder per E-Mail an lektorat@verlagshaus.de.

Unser komplettes Programm finden Sie unter www.bruckmann.de

In diesem Buch wird aus Gründen der besseren Lesbarkeit das generische Maskulinum verwendet. Weibliche und anderweitige Geschlechteridentitäten sind dabei ausdrücklich mitgemeint, soweit es für die Aussage erforderlich ist.

Die Deutsche Nationalbibliothek verzeichnet diese Publikation in der Deutschen Nationalbibliografie; detaillierte bibliografische Daten sind im Internet über http://dnb.d-nb.de abrufbar.